JACK ET MADAME MITIE
EN OCCIDENT

DU MÊME AUTEUR

Ouvrages en français

— *Le Principe Unique de la Science et de la Philosophie d'Extrême-Orient* (1929) (Vrin, Paris, 1931), (Vrin, Paris, 1951) (1989).

— *Le Livre des Fleurs* (Plon, Paris, 1931) (Vrin, Paris, 1956) (1989).

— *L'Acupuncture et la Médecine d'Extrême-Orient* (Le François, Paris, 1934) (Vrin, Paris, 1969).

— *Le Livre du Judo* (C.I., Tokyo, 1952) (C.I.M.O., Paris, 1989).

— *La Philosophie de la Médecine d'Extrême-Orient* (Vrin, Paris, 1956) (1989).

— *Jack et Mitie dans la jungle dite « Civilisation »* (Debresse, Paris, 1957) (Vrin, Paris, 1971) (1990).

— *L'Ère Atomique et la Philosophie d'Extrême-Orient* (Vrin, Paris, 1962).

— *Le Zen Macrobiotique* (I.A.M., Bruxelles, 1961) (Vrin, Paris, 1964).

— *Le Cancer et la Philosophie d'Extrême-Orient* (C.I., Paris, 1964), (Vrin, Paris, 1990).

— *4 000 ans d'histoire de la Chine* (Vrin, Paris, 1969) (1990).

— *Le Livre de la Vie Macrobiotique* (Vrin, Paris, 1970).

— *Clara Schumann et la dialectique du Principe Unique* (Kusa, Gent, 1981).

— *Gandhi, Un enfant Éternel* (Trédaniel, Paris, 1982).

— *Deux Indiens au Japon* (Kusa, Indes, 1954, en anglais) (en français en préparation par C.I.M.O., Paris, 1989).

————

— *La Santé et la Macrobiotique* par Françoise RIVIÈRE. *Complément du Zen macrobiotique* (Institut Tenryu, Paris, 1974) (Vrin, Paris, 1977) (Vrin, 1989).

*

© *Librairie Philosophique J. VRIN,* 1991
ISBN 2-7116-4138-4
Printed in France

GEORGES OHSAWA

(NYOITI SAKURAZAWA)

JACK ET MADAME MITIE

EN OCCIDENT

Édition revue et corrigée
par
Stéphane CARMONA, Clim YOSHIMI
et Françoise RIVIÈRE

PARIS
LIBRAIRIE PHILOSOPHIQUE J. VRIN
6, PLACE DE LA SORBONNE, Vᵉ

1991

AVANT PROPOS

Ce livre est le récit des aventures vécues par deux étrangers en quelques pays d'Occident, gouvernés par un roi dit « Civilisation », nom qui est en même temps pour eux synonyme de « jungle ».

L'un d'eux est un monsieur âgé de soixante-quatre ans, l'autre, sa femme, de cinquante-sept. Ils se nomment Monsieur Jack et Madame Mitie. Leur nationalité est « Erewhonienne ». Leur pays est appelé « Erewhon » par les Occidentaux, depuis plusieurs siècles, mais ce nom est complètement étranger à son propre peuple.

C'est un tout petit pays perdu dans un océan, colonisé et divisé depuis quatre-vingts ans par des conquérants venus de l'ouest.

Monsieur Jack connaît fort bien les pays occidentaux ainsi que leurs langues, mais Madame Mitie est une véritable traditionaliste, n'employant que sa propre langue. Elle n'est jamais allée au-delà de sa petite île, ni même de sa ville natale.

Leur voyage est plein d'aventures et d'émotions, comme celui de Marco Polo en Chine, ou de Livingstone au cœur de l'Afrique... non, beaucoup plus. C'est, comme vous allez le voir, très intéressant et extrêmement amusant.

Si certains passages de ce livre paraissent incompréhensibles, choquants, détestables ou insupportables, ce n'est pas de ma faute. Vous devez essayer de comprendre la « mentalité primitive » de ces deux étrangers. J'ai fait de mon mieux pour la reconstituer.

C'est votre affaire de tenter de la saisir. Peut-être les clefs du Royaume des Cieux sont-elles là. C'est ce qu'affirment beaucoup de savants occidentaux.

Comme vous le savez, de nombreux livres récemment publiés, surtout en France et en Allemagne, vous entretiennent de cette « mentalité primitive », de sa simplicité extrême, de sa naïveté apparente, de sa curieuse manière de « penser » (qui est tout à fait à l'opposé de notre pensée, mais qui est très pratique), et aussi de sa mystique. Il semble qu'elle connaisse des choses qu'ignore le monde de l'Ouest : notre vie antérieure, karma, réincarnation, les douze étapes de l'âme, etc.

Si notre instrument d'étude dit « Sciences » (du latin scire) est microscopique et analytique, et nous guide de plus en plus vers un monde compliqué, atomique et infinitésimal, la sagesse instinctive de ces possesseurs de la « mentalité primitive » dite « sire » (c'est un mot erewhonien) est intégralement macroscopique et synthétique. Vous ne pouvez l'imaginer. Leur mentalité et la nôtre sont aux deux extrêmes. La nôtre est descriptive, immédiate, déterminée et logique si vous voulez ; tandis que celle de la « mentalité primitive » est abstraite, imaginative, indéterminée, ou bouddhiste (mahayaniste). En effet, et nous le redirons plus loin, leur langue ne connaît ni le temps ni le nombre, ni l'article, ni le genre, ni, à plus forte raison, la personne. Souvent elle ignore ou assimile le subjectif et l'objectif. Elle confond d'ailleurs « oui » et « non », « mon » et « vôtre », « nôtre » et « vôtre », « mon » et « ton ». Est-elle communiste ? Peut-être. En réalité, elle appartient à des citoyens d'un autre Univers, infini, illimité, indéterminé, absolu et éternel : le Royaume des Cieux.

Mais le plus inconcevable et le plus bouleversant, c'est le « oui » erewhonien.

Si vous donnez un bifteck à un Erewhonien, végétarien depuis des milliers d'années parce que bouddhiste mahayaniste, il l'acceptera avec un grand plaisir, pur, innocent, enfantin. Et ceci même s'il sait qu'un bifteck est tiré du cadavre d'une bête qu'il aime fra-

ternellement. S'il fait un peu la grimace en s'efforçant d'avaler la viande, puisqu'il viole son tabou suprême, néanmoins il déclare toujours : « Oh, que c'est bon... » avec un grand sourire et il vous remercie infiniment.

Quel menteur, direz-vous !

Mais c'est une politesse enfantine. L'Erewhonien doit accepter tout, n'importe quelle difficulté comme un grand plaisir, la mort comme la vie. Voilà la réponse erewhonienne en face d'une épreuve. L'obéissance totale non conditionnée. C'est la docilité absolue, la tranquillité cent pour cent d'un bon écolier qui écoute son maître et admet toutes ses paroles, même incompréhensibles, ou celle d'un cobaye sur la table de vivisection. Accepter tout, accepter n'importe quel sacrifice vital. Si un Erewhonien joue son rôle de martyr avec le sourire, c'est par souplesse métaphysique.

Si vous blâmez cette attitude comme fausse, vous devez critiquer cette métaphysique, génératrice de toute la civilisation de l'Extrême-Orient, y compris le Bouddhisme, Christianisme, Hindouisme, Jaïnisme, Shintoïsme, Taoïsme, Islamisme, Confucianisme, et leurs œuvres esthétiques, littéraires, plastiques, morales, culturelles... et vous devrez proposer autre chose à la place. Tous les Erewhoniens l'accepteront avec le même grand plaisir et la même obéissance totale.

C'est avec cette politesse, modestie, obéissance enfantines que tous les Afro-Asiatiques vécurent pacifiquement et librement pendant des milliers d'années, jusqu'à l'importation ou l'invasion de la civilisation occidentale, il y a environ une centaine d'années.

C'est avec cette politesse, modestie, obéissance, souplesse métaphysiques qu'ils ont tous été colonisés par les Occidentaux : ils se sont laissé coloniser volontairement. S'il y a quelques différends coloniaux maintenant, cela signifie que nous avons abusé ou profité un peu trop de ces qualités métaphysiques des Afro-Asiatiques, sans savoir ou sans comprendre, ou sans vouloir comprendre cette mentalité primitive ; le Principe Unique de cette métaphysique si simple et si innocente en apparence, mais si pro-

fonde et si pratique en réalité. Elle est une dialectique, peut-être la plus profonde et la plus pratique. La dialectique de Hegel ou de Marx n'est qu'une traduction partielle ou une transformation de celle de l'Extrême-Orient, qui est un monisme polarisable.

Après avoir écouté l'explication de M. Jack, j'ai vu un père jésuite rire en disant : « La dialectique moniste ? C'est une contradiction, ha ! ha ! ha... ». Il fut difficile ensuite de consoler et d'encourager M. Jack. Il était tellement désappointé... Il avait rendu visite à ce père jésuite dans l'espoir de trouver un Occidental qui puisse comprendre cette mentalité primitive inconnue ou si peu appréciée. M. Jack avait lu un livre écrit par ce Jésuite, et, depuis, il l'estimait beaucoup.

La « mentalité primitive », telle qu'elle est exposée dans les quatre gros volumes du grand maître philosophe Lévy-Bruhl, est la mentalité commune à tous les Afro-Asiatiques ou à tous les peuples de couleur. Toutes les races colorées peuvent être considérées comme des peuples aventureux partis du même pays natal vers l'Est, attirés par la lumière ou le lieu d'où sort le soleil ; et tous les blancs, plus aventureux que leurs frères, descendirent vers l'Ouest pour découvrir le lieu où entre le soleil.

Les Erewhoniens trouvèrent une île à l'extrémité et y restèrent. Les Aztèques et les Peaux-Rouges seraient l'avant-garde des Erewhoniens.

En tout cas, je voudrais être l'interprète fidèle de Monsieur Jack et de Madame Mitie et vais vous raconter les aventures qu'ils ont vécues dans la jungle dite « civilisation ».

Je devrais ajouter une épithète au nom de Monsieur Jack : sorcier.

CHAPITRE I

BANDITS A PARIS

Il était minuit lorsque Monsieur Jack et sa femme arrivèrent à Paris, au début du mois de mars.

De l'aérodrome d'Orly, ils furent transportés à l'aérogare des Invalides, au centre de la ville.

Il faisait noir et très froid. L'aérogare était morte. Par chance, ils trouvèrent un taxi, personne n'étant venu les accueillir. Ils arrivèrent à destination, rue Galvani. Le chauffeur leur demanda mille francs pour la course, plus cent francs de pourboire. Monsieur Jack, habitué aux exigences des chauffeurs des grandes villes, en particulier de Calcutta et Nairobi, estima que cette somme était raisonnable ; mais Madame Mitie, traditionaliste, fut très fâchée, ayant l'habitude de payer dix francs un rikisyaman et cinquante francs un taxi, pour n'importe quelle distance dans son pays natal.

En réalité, leurs premières impressions furent toujours mauvaises, quels que furent les ports où ils descendirent. Leur plus triste souvenir est celui d'un bureau de douane de l'Inde, pays où règne le successeur de Gandhi.

Chose surprenante, à l'entrée de ce grand pays pacifiste sévit la corruption. Les fonctionnaires, y compris la police et les agents des douanes de la grande république indienne, soutirent l'argent des étrangers comme des bandits. A plus forte raison les chauffeurs, les transporteurs et les coolies. D'ailleurs, dans le monde entier, c'est le pays où il est le plus difficile d'obtenir un visa d'entrée, de séjour ou de sortie, dit Monsieur Jack. Si c'est vrai, c'est une contradiction scandaleuse, puisque l'Inde est le pays hospitalier de Bouddha.

— Mais l'Inde est un pays nouveau qui se développera et se corrigera très probablement. La même chose existe ici en Europe, en Suisse, pays le plus renommé dans le monde entier pour son hospitalité et sa bienveillance. Un douanier suisse nous demanda de payer 1.500 francs chacun. Je payai donc 3.000 francs pour nous deux. Après quelques semaines, nous entrâmes d'Allemagne en Suisse et cette fois on nous demanda 500 francs chacun, au lieu de 1.500. C'est curieux, n'est-ce pas ? — dit ce primitif.

Le disciple de Monsieur Jack, qui habite rue Galvani, était absent. Ils attendirent pendant une heure. A la fin, Monsieur Jack alla chercher un taxi, dans la nuit extrêmement froide, pour transporter leurs valises jusqu'à un petit hôtel qu'il avait trouvé à cinq ou six cents mètres de là. A minuit passé, il était difficile de trouver un taxi. Heureusement, il en découvrit un qui les transporta avec leurs bagages, et pour trois cents francs.

Quand ils se furent assis dans une toute petite chambre d'un prix particulièrement élevé, Madame Mitie s'écria toute pâle :

— J'ai oublié mon sac à main !

Ils étaient consternés. Passeports, argent, bijoux (toute leur fortune) étaient dans ce sac.

Vers deux heures, le chauffeur revint. Le sac à main était retrouvé. Monsieur Jack donna trois mille francs au chauffeur en le remerciant chaleureusement. Madame Mitie, les larmes aux yeux, le remercia aussi, en erewhonien et à l'erewhonnienne. Le chauffeur parisien, ne comprenant pas l'erewhonien, partit heureux et stupéfait.

Les deux Erewhoniens retrouvèrent leur bonne humeur et ils conclurent ainsi :

— Il y a toujours Yin et Yang, le bien et le mal partout et à tous les niveaux. Il ne faut jamais critiquer le mauvais, puisque le mauvais n'est que l'autre face du bien.

— C'est vrai. Notre Principe Unique Yin-Yang est valable même en Occident — même dans les pays des « civilisés » ! Quel bonheur !... Mais pourrait-on dire « plus de bandits, plus d'honnêtes gens ? »

— Pourquoi pas ? Tu as bien compris cette nuit ce que je dis depuis toujours ? Grâce aux bandits-chauffeurs...

— Et grâce aux chauffeurs honnêtes...

— L'antinomie est une vision daltonienne du Principe Unique... Il faut accepter le mal comme le bien, la mort comme la vie, la difficulté comme le début de la facilité, et cela avec le plus grand plaisir, toujours. Si l'on ne peut voir que l'un des deux côtés des choses, c'est un daltonisme mental. Si l'on ne veut chercher que le beau côté des choses, c'est orgueil, arrogance, exclusivisme, égocentrisme. Si l'on veut détruire le côté que l'on n'aime pas, c'est de la folie. Pour obtenir force, richesse, confort et connaissance... il faut plutôt s'efforcer de rechercher la difficulté, puisque notre plus forte tendance naturelle, sensorielle et sentimentale, aspire au confort, à la richesse et à la facilité.

— Et le froid, la chaleur, la faim perpétuelles, n'est-ce pas ? C'est pour cela que nous avons quitté notre pays dénommé « jungle » et nos amis appelés « primitifs » si pacifiques et si honnêtes. C'est pour trouver des bandits et des voleurs dans les pays dits « civilisés ». Si nous ne pouvions les trouver, notre voyage serait une perte de temps...

CHAPITRE II

L'ORIGINE DE LA CRUAUTÉ OCCIDENTALE

Les deux Erewhoniens, surtout Madame Mitie, ont horreur de tuer. Même les Indiens végétariens, Hindouistes, Jaïnistes, Bouddhistes, etc. qui sont au moins deux ou trois cents millions, n'aiment pas tuer. Vous pouvez voir de pauvres mendiants ou malades condamnés « incurables », assis dans les grandes rues ensoleillées de Calcutta (4.000.000 d'habitants), chercher et éloigner vivants les poux de leurs vêtements. Les Hindous redoutent de tuer quelques petits vers ou fourmis en marchant dessus ou en buvant de l'eau, à plus forte raison l'extermination d'une espèce, d'êtres infinitésimaux, par poison chimique violent. Ils sont bien plus fervents que le Docteur A. Schweitzer dans le respect de la vie. Le Dr Schweitzer tue des microbes malgré sa théorie. Les Hindous ont horreur de l'amputation ou de l'opération, si petites soient-elles. Ils n'aiment pas voir le sang. Dans l'hôpital du Dr Schweitzer, il y en a beaucoup tous les jours.

Les Erewhoniens aiment les fleurs et les herbes sauvages. Ils ont créé une école de l'arrangement des fleurs. Cet arrangement est une religion de la commisération pour ces espèces fragiles et éphémères. Elle défend formellement de couper des branches ou des feuilles. C'est pourquoi Madame Mitie est violemment choquée chaque fois qu'elle voit, soit au marché, soit dans un salon ou dans une vitrine de Paris, des fleurs arrangées dans un vase. Elle frissonne et soupire : « Oh mes pauvres fleurs, on vous a décapitées si cruellement ! » dit-elle, comme si c'étaient ses propres enfants... Mais le choc le plus violent, la plus grande émotion, l'horreur la plus profonde qu'ils aient ressentis au cours de leur vie, c'est lorsque, inopinément, dans une église à Paris, ils se sont trouvés face à face avec un cadavre nu, percé de part en part, les mains et les pieds cloués sur une croix de bois.

Madame Mitie se sentit défaillir et elle s'enfuit le plus promptement possible. Elle marche habituellement d'un pas très lent, comme toutes les femmes erewhoniennes, beaucoup plus lent que ne le représentent les films japonais. Mais, par exception, elle montra qu'elle pouvait marcher très vite.

— C'est là, je crois — dit-elle — l'origine de la cruauté occidentale en Orient et en Extrême-Orient, depuis le massacre des Chinois dans la guerre de l'opium, jusqu'au massacre de 313.814 femmes et enfants, malades et citoyens non armés de Hiroshima et Nagasaki par les deux premières bombes atomiques. C'est une réaction toute naturelle pour une femme erewhonienne, née dans un pays qui n'avait connu aucune guerre depuis des milliers et des milliers d'années jusqu'à l'invasion de la civilisation occidentale.

— Quelle mentalité cruelle ! Montrer un cadavre cloué et percé... et cela, partout et toujours... C'est une exhibition répétée, permanente et gratuite.

— C'est une invention européenne. Cela n'existait pas dans le Christianisme oriental d'origine.

— Si l'on traduit le Christianisme de cette manière, il est tout naturel que les Occidentaux aient colonisé tous les pays du monde par la force, que la civilisation occidentale soit toujours sanglante et que tous les pays et toutes les petites îles où les Blancs s'introduisent deviennent des champs de bataille, bien que les indigènes soient pacifiques.

— C'est vrai ce que tu dis.

— Alors, il nous faut rentrer dans notre pays le plus vite possible. Pourquoi continuer notre voyage, cher ami ? C'est insupportable de voir ce cadavre et ces peuples qui l'honorent. Regarde ces pauvres petites fleurs si cruellement décapitées...

— En cela tu as raison, tu es professeur d'arrangement floral... je comprends. Mais il nous faut rechercher le bien. Nous ne devons pas uniquement trouver le mal.

— Je n'attaque rien. Je dis tout simplement que je suis incapable de continuer à voir pareille chose, partout et tous les jours...

— Je te comprends. Tu n'as jamais attaqué. Quittons ce lieu.

Un jour, passant devant la cathédrale de Fribourg en Allemagne, ils n'osèrent y entrer. C'était trop pénible même de la regarder extérieurement. Elle était endommagée par le bombardement. De loin et en silence, ils la caressèrent longuement des yeux. Madame Mitie murmura :

— Quelles sont ces voitures de luxe là-bas sur la place ? Sont-elles toutes venues de loin ? Et ces voyageurs sont-ils tous étrangers ?

— Oui, oui. Beaucoup d'Américains très riches. Chacune de ces voitures coûte des millions de francs. Voudrais-tu en avoir une ?

— Il est certain que nous n'en aurons jamais de notre vie. Tu n'en achèteras pas, je le sais. Ce n'est pas la peine d'en discuter ici. Mais pourquoi viennent-ils ? Je me le demande. Ils visitent cette cathédrale pour quoi faire ? En admirer la beauté ? Mais cette beauté est trop triste, trop rigide, trop froide et peut-être trop orgueilleuse. En admirer la taille ? Mais il y a beaucoup de grands bâtiments aux États-Unis, plus grands que cela. Alors, pourquoi faire ?... Pour se distraire ?...

— C'est tout simplement par curiosité. C'est peut-être pour passer le temps et dépenser de l'argent. Ils ont un peu trop des deux.

— Si c'est un passe-temps ou une façon de dépenser de l'argent, c'est triste et je le regrette pour eux.

— Ah ! regarde, il y a des gens qui sortent... Entrons et voyons ce qui se passe là-dedans.

— Oh non, je n'ose pas entrer... il y a le cadavre sans doute...

— Soit. Mais que font-ils à l'intérieur ?

— Ils prient pour la paix et la liberté...

— Ce n'est pas une prière, c'est une requête, une supplication...
La prière, selon notre Principe Unique, consiste en une méditation
profonde de la reconnaissance de la Constitution de l'Univers,
l'Ordre de l'Univers, Yin-Yang, pour fortifier notre clairvoyance,
qui nous permet de voir tout à travers le temps et l'espace infinis,
absolus, au-delà de ce monde fini, relatif, et qui nous donnera la
joie éternelle et l'amour infini...

— Mais c'est le contraire ici. On a besoin de bonheur immédiat
en ce monde fini, éphémère, illusoire...

— En tout cas, c'est de la mendicité, c'est une demande ou un
désir très fort.

— Demander la plus précieuse des choses à un cadavre ! Comme
c'est pitoyable et triste... Ils ne le comprennent pas ? Impossible...
Ils sont un peuple dit « civilisé » ? et ils sont scientifiques ?

— Mais c'est le seul moment où ils tournent le dos à la « civilisation » ou à la « science ». Ils oublient un moment leur civilisation scientifique et se réveillent dans l'univers infini, absolu, éternel, où n'existent ni les barrières du temps ni celles de l'espace, d'ailleurs imaginaires.

— C'est un peu comme nos plongeuses qui cherchent des perles
dans la profondeur froide et noire de la mer. Elles reviennent de
temps en temps à la surface pour respirer l'air pur et infini...

— C'est cela. C'est regrettable qu'il n'y ait personne pour leur
enseigner cette liberté infinie et cette justice absolue, la manière de
respirer l'air pur ; pour leur apprendre que c'est là qu'on doit trouver la liberté, la justice et la joie de vivre, infinies, absolues et
éternelles.

— Pourquoi ? Il n'y a personne ? Aucun prédicateur ?... C'est
incroyable ?

— Il y en a, certes, mais personne ne connaît ni ne prêche la Constitution de l'Univers, cette continuité de l'infini avec le monde fini
qui n'est qu'un simple point abstrait géométrique de l'infini. Ils

croient que ce point abstrait, imaginaire et géométrique existe à part de l'infini. Si un point géométrique peut exister en dehors de l'infini, cet infini n'est qu'un autre point fini ou non-existant.

— Les prédicateurs chrétiens de l'Europe sont donc des dualistes ?

— C'est exactement cela. Ils considèrent Dieu et le diable, le bien et le mal, comme deux pôles antagonistes éternels. Voilà l'éternel différend dualiste. Ils savent que les deux extrémités d'un aimant ou l'alcalinité et l'acidité ne sont que les deux expressions d'une même nature... mais ils ne comprennent pas l'identité du bien et du mal. C'est une mentalité vraiment incompréhensible. Leur jugement, à partir de la troisième étape jusqu'à la septième, est complètement voilé.

— Il faut donc enseigner notre monisme, le Principe Unique. C'est une maladie mentale. Tu dois la guérir.

— Comme tu le sais, je me suis efforcé, dans toute la mesure du possible, de l'enseigner depuis trente-cinq ans. C'est pourquoi tu as perdu toutes tes perles, pour me permettre de poursuivre ma mission moniste en Europe et cela à plus de dix reprises. Et c'est la première fois depuis vingt et un ans que je suis revenu. Mais j'ai vieilli, mes anciens amis ne sont plus... et il n'y a pas un seul jeune homme scientifique qui s'y intéresse. Ah !...

— Mais tu n'as aucune raison d'être déçu ni d'abandonner... Tu n'as qu'à continuer ta mission moniste qui est si simple, si facile à comprendre, et surtout si pratique... notre Principe Unique... Pourquoi as-tu l'air si triste ces jours-ci, depuis notre arrivée ? Tu es revenu à Paris et dans cette Europe que tu aimes tant...

— Tu as raison. Je ne dois pas être assombri, mais il y a quelque chose de très lourd dans ma tête ; je m'efforce de l'oublier... mais il y a des moments où cet assombrissement me revient. C'est toujours lorsque je me trouve devant une église ou quelqu'un de très pieux qui prie devant l'autel. Cet assombrissement devient une douleur quand tu es devant ce cadavre sinistre... Voir une Erewhonienne s'enfuir là où une Européenne reste à prier... Je ne sais pas comment t'expliquer cette mentalité « civilisée », pourquoi je suis incapable de faire comprendre notre « mentalité primitive » à ce peuple pieux ou scientifique, à la fois si honnête, si courageux et pourquoi je...

— Tu as perdu contact avec ton jugement suprême ?

— Mon jugement suprême est voilé ? Tu crois ?

Juste à ce moment, au clocher de la cathédrale, sonnent les douze heures... Tout en haut dans le ciel.

— Oh que ce carillon est beau !...

— Ce sont les cloches que nous avons entendues ce matin à l'hôtel.

— Oh que c'est beau !... Il y a un carillonneur ?

— Non, c'est une mécanique. Nous ne sommes pas dans notre pays moniste où la main-d'œuvre ne coûte rien...

— Cela sonne chaque heure ?

— Oui, chaque quart d'heure, très exactement.

— Alors ce n'est qu'une horloge ?

— C'est cela.

— Ah je comprends maintenant pourquoi l'on ne vient plus à l'église à heure fixe.

— Pourquoi ?

— Tu sais, chez nous on sonne l'heure du « tigre » (4 heures). On se lève à trois heures. A l'heure du « tigre » commence le travail journalier et, pour les bonzes, la prière, c'est-à-dire la méditation sur la constitution de l'univers. A l'heure du « lièvre » (6 heures), quand on sonne cette cloche géante, on se hâte vers le temple. Oh ! quelle douceur, cette voix de la cloche géante... cette résonance sans fin qui nous caresse si doucement comme une voix maternelle belle et charmante. Elle nous transporte dans l'Univers infini, dans la liberté infinie et la justice absolue... le bonheur éternel, si l'on est empêché d'aller au temple...

— C'est vrai. Il y a une grande différence entre ces cloches et la nôtre.

— Notre chère cloche nous réveille au sein de l'infinité, tandis que ce carillon nous plonge dans le fini hâtif, exigeant, où l'on doit gagner de l'argent. La cloche sonne chez nous pour ouvrir notre perception qui nous permet de jouir de la grandeur de l'Univers infini et éternel. Ici, c'est pour nous enchaîner dans ce monde fini, fermé par des murailles de plomb dites « temps » et « espace »... Quelle tristesse !...

— Qui a inventé ces cloches ? On dit ici « le temps c'est de l'argent ». C'est donc l'argent qui les a inventées ?

— Nous sommes en enfer ?

— C'est cela. Ici c'est le royaume de l'argent. On ne peut rien faire sans l'argent. On ne peut pas vivre, même respirer librement sans argent... Il nous faut donc gagner un peu d'argent.

— Rentrons à Erewhon. On peut vivre là-bas en dehors de ces épaisses murailles de plomb. On peut respirer l'air pur vivifié par l'ozone sans rien payer au moins. On peut manger des herbes cultivées par l'infini sans engrais chimiques, des feuilles si délicieuses, et même des racines de pissenlit sans être enterré...

— Mais on ne sait pas ici, en Europe, que la racine de pissenlit est extrêment Yang et qu'elle guérit si merveilleusement la maladie cardiaque et la poliomyélite. Manger la racine de pissenlit signifie la mort... ici.

— Ils ne connaissent pas Yin et Yang ? Ces deux forces antagonistes qui créent, animent, détruisent et reproduisent tout ce qui se trouve en ce monde, la force centrifuge et la force centripète, l'origine de toute énergie. Mais, tu m'as souvent parlé de cet instrument, le plus fort parmi ceux de la science naturelle dite « Physique », qui a distingué ces deux forces antagonistes comme la base de toute existence dans l'Univers ; de plus il a trouvé l'antinomie ou l'antagonisme à tous les niveaux ?

— Mais quand même, on n'a pas encore identifié ces deux forces fondamentales avec les deux mains créatrices d'une seule tête, l'infinité. Ils sont dualistes par naissance...

— Ils sont donc tous daltoniens ?

— Ils se disputent, séparés en deux groupes antagonistes, les matérialistes d'une part et les spiritualistes de l'autre. Cette bataille est acharnée et très longue, c'est cruel et angoissant. Notre ami le Dr Carrel en est une victime.

— Alors, on ne connaît pas la vraie signification de la croix que nous avons vue partout, soit dans les montagnes lointaines et solitaires, soit dans toutes les grandes villes (comme celle de Fribourg), soit dans n'importe quel pauvre petit hameau, dans les salons, dans les hôtels, partout, partout... Les croix sont considérées comme une sorte de décoration ou un accessoire ? On ne sait pas que la croix est le symbole de ces deux forces antagonistes et de l'infini-absolu ? On a retenu seulement l'image, pourquoi ? Est-ce par pitié ou par suggestion pour qu'ils se préparent à une fin semblable ?

— On a oublié peut-être.

— Alors, tu n'as qu'à enseigner la théorie moniste qui est si intéressante, si amusante et surtout si pratique.

— Je l'ai enseignée depuis trente-cinq ans comme tu le sais. Mais ils ne me comprennent pas du tout. Voilà pourquoi je suis tellement sombre.

— Mais tu m'as dit que des milliers de médecins français et allemands avaient étudié l'acupuncture d'après tes livres et qu'ils la pratiquaient, que tous tes livres étaient vendus et que...

— C'est vrai. Mais j'ai été trompé. Ils ont étudié l'ancienne médecine étrangère d'une manière étonnante, minutieuse et déterminée, mais sans s'intéresser du tout à la théorie de notre monisme-polarisable.

— Est-ce une maladie mentale ou spirituelle ? C'est très grave. Pourquoi ne s'intéresse-t-on pas à la théorie ? Tu dis toujours que la théorie sans la pratique est inutile, la pratique sans la théorie dangereuse. Tu as donné une mitrailleuse à un enfant idiot, tu es responsable...

— Voilà ce qui me tourmente. Je ne comprends pas cette mentalité des « civilisés ». Sommes-nous trop puérils, trop primitifs ?

— Nous avons vu tant de cadavres et de croix partout... et tant d'églises. Elles sont l'édifice le plus important de n'importe quelle ville, de n'importe quel village. Nous les avons toujours remarquées en premier, de loin, quand nous approchions... Et ces églises avec leurs croix étaient, autrefois au moins, le centre de la vie communale et les centres d'enseignements. Les prêtres étaient considérés comme les dirigeants du peuple. Le Christianisme était une école coloniale destinée, selon les barbares de l'Ouest, à enseigner la découverte de l'Univers conçue par des sages penseurs de l'Extrême-Orient. Pourquoi n'est-il pas possible de prêcher à nouveau notre monisme depuis les origines en évitant cette fois tout malentendu ? Tu es venu pour cela. Pour cette mission, tu m'as privée de toutes mes perles. Mais ce n'est rien, cela en vaut la peine. On peut à nouveau trouver des perles, la mer en contient un nombre infini.

En discutant ainsi, ils arrivèrent devant un grand bâtiment : l'université de Fribourg. Ils s'y arrêtèrent, de nombreux étudiants passaient. M. Jack regarda longuement les grandes lettres dorées tout en haut du bâtiment :

DIE WAHRHEIT WIRD EUCH FREI MACHEN

— Que regardes-tu ? Que signifient ces lettres ? Dis-le moi...

M. Jack ne répondit pas. Il s'assit silencieusement sur un banc, regardant toujours ces lettres dorées.

DIE WAHRHEIT WIRD EUCH FREI MACHEN

— Tu ne comprends pas ces mots allemands ? dit Madame Mitie tandis que, silencieux, il considérait toujours l'inscription.

— Que dis-tu ?... C'est une phrase qui signifie mot pour mot : « La vérité te fera libre » ou « La vérité te donnera toute liberté ».

— Très bien, très bien, c'est ce que tu affirmes toujours toi-même. Elles sont gravées et dorées. Tu dois les inscrire dans ta mémoire, oh pardon... je m'excuse.

— C'est une double énigme pour moi. C'est difficile d'interpréter ces mots. Primo : qu'est la vérité pour les Occidentaux « civilisés » ? Secundo : pourquoi enseigne-t-on le contraire de la vérité ici dans ce grandiose bâtiment ? Abordons cette double énigme : Selon notre jugement suprême, la vérité ne peut être qu'unique, éternelle, infinie. En un mot, telle est la Constitution de l'Univers, l'origine de toute vie (vitalité, existence, expression). C'est donc une triade. A ceux qui ne possèdaient que le jugement bas, dont le jugement suprême était voilé, les premiers prédicateurs occidentaux de cette vérité découverte en Extrême-Orient furent obligés de l'expliquer au figuré, c'est-à-dire en une langue accessible, sensorielle, de la deuxième étape du jugement, comme l'Esprit, le Père et le Fils. Et ces mauvais interprètes les entendirent comme trois choses absolument différentes, au lieu de les considérer comme trois formes de la vérité unique. C'est là l'origine de tous les maux, de tous les malheurs et de tous les crimes...

Si la vérité n'est pas unique, infinie, absolue, elle n'est plus la vérité. Si elle est divisée, ce sont des « faits » finis, limités par le temps et l'espace. On peut les définir par C.G.S. (centimètre, gramme et seconde) valables seulement dans le monde relatif, fini et éphémère. Mais on ne peut définir ce qui est infini, absolu et éternel par cet instrument C.G.S., exemple : la mémoire, la pensée, la liberté, la justice, la joie suprême, l'imagination, le vouloir, etc.

« Die Wissenschaft », la science basée sur l'unique instrument C.G.S., ne peut par conséquent étudier que des choses finies, relatives et éphémères, c'est-à-dire l'inverse de la vérité. Si cet instrument C.G.S. n'est pas utilisé par ceux qui étudient les sciences culturelles, on s'efforce de l'introduire le plus tôt possible. L'université est en réalité le reflet du monde. Il faut établir une université véritable, où l'on puisse étudier toute science de « C.G.S. », ainsi que la Constitution de l'Univers. Il ne faut pas nier cette constitution dialectique de l'univers, la matérialité et la spiritualité, et il faut étudier d'abord celle-ci par la constitution de l'univers et après celle-là par C.G.S.

C'est ainsi que l'on procédait au commencement. Mais depuis un ou deux siècles on a abandonné complètement les études de la Constitution de l'Univers. Pourquoi ? C'est une autre énigme...

— Je le sais, c'est très simple. Les Occidentaux sont devenus de plus en plus Yang (myopes et daltoniens), à cause de leur mauvaise alimentation.

— Oui, c'est exact. Mais quels sont les responsables de tout cela ? Voilà la quatrième énigme.

— Tu le sais. Ce sont les prédicateurs de la religion d'Extrême-Orient en Occident. Les prédicateurs sont devenus des pêcheurs qui sont aventuriers, ne cultivant pas. Ceux qui ne travaillent pas la terre, ceux qui ne cultivent pas avec patience perdent la sensibilité délicate et deviennent de plus en plus insensibles, simples, grossiers, hardis et, à la fin, avares et cruels. De même, ceux qui mangent des animaux. La physiologie est la base de la psychologie, l'alimentation est celle de la physiologie. La partie la plus haute de l'édifice dit « psychologie » doit être consacrée à l'étude de l'origine, de la constitution, du développement et du perfectionnement du jugement, comme elle fut complètement, minutieusement et solidement réalisée dans la philosophie védique, le Bouddhisme, Taoïsme, etc. en Extrême-Orient il y a plusieurs millénaires. En Europe aussi, as-tu dit, quelques penseurs isolés ont commencé des études sur le jugement, tels Alexis Carrel, Paul Carton, Auguste Lumière, Léon Binet, etc.

— Mais pourquoi cet extraordinaire retard occidental ? Pourquoi ce détour plusieurs fois millénaire dans la recherche de la vérité primordiale ? Pas un Bouddha, pas un Jésus, pas un Nagarjuna, pas un Asanga, pas un Lao-Tse, pas un Song-Tse en Occident ! C'est absolument incompréhensible et incroyable ! Et cette triple déformation gréco-romano-européenne de l'enseignement de Jésus est prouvée par toute l'histoire des peuples occidentaux, de la première à la dernière page. Elle est pleine de tueries, exploitations, homicides, parricides, misères, et de chutes d'Empires... Tout cela augmente de plus en plus. A présent, toute l'humanité est terrorisée par la menace des bombes atomiques... Bientôt ce sera la fin.

— Pourquoi ce grand détour ? Mais tu m'as expliqué...

— Oui, j'ai essayé, mais je dois continuer. Les Occidentaux « civilisés » seraient-ils en réalité les plus grands malfaiteurs du monde entier et les plus cruels, ainsi que l'histoire et les actualités nous l'apprennent ? N'y a-t-il pas au fond de leur mentalité un tout petit grain d'indulgence et de délicatesse ? De bon sens au moins ? En ce cas, une germination, un développement et une floraison sont possibles un jour, tôt ou tard. S'il n'y en a pas ce sera la véritable fin de l'humanité, comme on dit en Occident. Ils ont inventé tant de choses nouvelles ! Mais tout cela pour le confort, l'économie, le plaisir ou la force. En un mot, tout fut produit par le deuxième ou le troisième jugement (sensoriel ou sentimental), non pour le bonheur éternel, ni pour la liberté infinie, à plus forte raison, encore moins pour la justice absolue. Voilà pourquoi l'humanité tout entière est menacée. On n'a qu'à jeter un coup d'œil sur la liste de ceux qui sont couronnés par le prix Nobel, pour savoir que toute recherche est destinée au bonheur éphémère, à la liberté limitée, c'est-à-dire au confort, qu'elle est au service de la force ou d'une littérature inutile.

— Mais il y a une certaine élite qui s'efforce d'importer la Conception de l'Univers et la façon de penser de l'Extrême-Orient, comme Matgioi, Guénon, Toynbee et beaucoup de disciples de Gandhi.

— Soit, mais ils ne comprennent pas le Principe Unique, base de toute la philosophie, de toute la science et de toute la civilisation d'Extrême-Orient. Si très peu de gens le comprennent, ils ne le vivent pas quotidiennement, ils ne le pratiquent pas. Tu te souviens de cet auteur français d'un grand livre sur le Zen, qui déclara : « Cela m'intéresse, je l'étudie au point de vue psychologique. La base physiologique du Zen ? Cela ne m'intéresse pas ». Ou bien ils l'interprètent faussement, comme un occultisme ou une religion.

— L'erreur d'interprétation est un camouflage de l'ignorance totale.

— Et l'ignorance, c'est le manque de compréhension. C'est une obstruction du jugement ou un obscurcissement de ce même jugement qui nous empêche de voir l'Univers tout entier comme il est et qui nous fixe au monde relatif, fini, infinitésimal, égocentrique. L'ignorance, c'est la méconnaissance de la Constitution de l'Univers. Et l'erreur d'interprétation est une auto-intoxication ou prétention gnostique de l'ignorant, sinon du dualiste. Rappelle-toi ce docteur allemand qui m'écouta plus de vingt heures avec tant d'enthousiasme et un si vif plaisir, au cours de plusieurs séances sur le Principe Unique et qui me déclara finalement : « Je vous comprends entièrement. Je suis très heureux. Mais je voudrais y ajouter une autre notion : Dieu. » Il était dualiste, il croyait à l'existence de deux mondes séparés : le divin et l'humain, le monde fini et le monde infini. Il croit que le fini peut exister en dehors de l'infini. Et il a confessé sans le vouloir ou le savoir qu'il était un simple dualiste. Je n'avais jamais été si surpris, ni si désappointé.

— Oui, oh oui ! Je me souviens de ton expression triste, ce soir-là.

— Pourquoi se défendre à propos d'une action et la déifier ? On a peur de l'angle fatal de sa théorie. On a besoin d'un masque qui couvre une ignorance totale. C'est une fuite, c'est de l'orgueil ou de l'arrogance, comme le silence.

— Oui, c'est la peur qui règne sur tout le peuple dualiste. Ou plutôt, tous ceux qui ont peur sont des dualistes embryologiques. Et tous ceux qui se déclarent « croyants » ou « pieux » ou « mystiques » sont des dualistes camouflés, savants, intellectuels et arrogants au fond.

— En tout cas, nous devons nous exprimer mieux ?...

— C'est certain. Nous nous y efforcerons. Mais quelles difficultés à surmonter !

— Mais c'est tout simplement par la faillite angoissante et désespérée qu'on apprend quelque chose, tu le dis toujours.

— Es-tu donc un prêcheur pour moi ?

— Non, seulement un phonographe...

— Ah... DIE WAHRHEIT WIRD EUCH FREI MACHEN.

CHAPITRE III

SUPERSTITION DANS LA JUNGLE DITE
« CIVILISATION »

LA VIANDE

Madame la Primitive, qui est choquée, chaque fois qu'elle entre dans une église, par le cadavre percé au côté et cloué sur la croix de bois, a décidé de ne plus y aller. Mais un jour, elle est de nouveau étonnée en visitant un marché. Là elle voit des dizaines de têtes de porcs écorchées, ainsi que des petits pieds tout à fait semblables à ceux d'un enfant nouveau-né, et beaucoup de charcuteries, de boucheries, et aussi quelques poissonneries.

— Pourquoi y a-t-il tant de boucheries et de charcuteries, et pourquoi si peu de marchands de légumes ? dit-elle.

Dans son pays natal, elle aimait aller au marché chaque jour. C'était un grand plaisir pour elle de voir les légumes frais de chaque saison. L'achat des légumes constituait un agréable devoir journalier. Mais maintenant elle a peur d'aller au marché à cause de ces cadavres de bêtes, si pénibles à voir.

— Pourquoi doit-on manger tant de viande ?

— Parce qu'il n'y a pas beaucoup de légumes.

— Pourquoi ne cultive-t-on pas plus de légumes ?

— Sous un climat si « Yin » on ne peut pas cultiver beaucoup de végétaux. Il y a, comme tu vois, très peu de végétaux. Mais chez nous, nous en avons bien plus.

— Des centaines, n'est-ce pas ?

— Oui, c'est vrai. Nous avons peut-être un millier de denrées alimentaires (animaux et végétaux), y compris les herbes sauvages et les algues de la rivière et de la mer... Qu'ils sont bons...

— « Bonheur de la montagne », « bonheur de la campagne », « bonheur de la rivière » et « bonheur de la mer »... Qu'ils sont bons !...

— « Okitumo » et « Hétumo », « Aonori » et « Nanori », « Wakamé » et « Aramé », « Hiziki » et « Isigé »... oh, ces algues marines !

— Et ces centaines de poissons...

— Mais si nous mangeons quelquefois des poissons en petite quantité, nous sommes aussi mangeurs de cadavres.

— C'est vrai. En tout cas, il ne faut pas blâmer les autres. D'ailleurs, on en mange très peu chez nous. Et nous aussi, nous pouvons nous passer de poissons.

— Soit, mais si nous avons mangé même une toute petite crevette, une seule fois dans notre vie, nous n'avons aucun droit de blâmer ceux qui mangent un éléphant. Si nous avions tué un petit insecte, un moustique par exemple, sans le savoir, même une seule fois au cours de notre vie, nous sommes « tueurs », nous n'avons pas le droit de critiquer les autres comme tels. Il ne faut pas détester ces gens carnivores. L'homme est libre, il peut faire n'importe quoi. Il peut être végétarien ou carnivore, selon son goût ou les circonstances. Mais il y a une certaine limite. D'après notre Principe Unique, on peut ou plutôt on doit faire, tout ce que l'on désire autant que possible, toute la vie. Mais on doit éviter d'abuser de la liberté, et de devenir avare ou superstitieux. On doit être logique.

— Mais, attends ! n'est-ce pas faire preuve de superstition que de manger tant de viande ici ? Est-ce nécessaire ? On ne peut pas se passer de viande sous ce climat ?

— Mais si. Tu sais d'ailleurs qu'il y a beaucoup de bêtes qui ne mangent que des végétaux. Elles peuvent vivre même uniquement avec des végétaux secs et de l'eau en hiver. Ainsi les oiseaux dans le ciel et les lapins dans la forêt, et dans les montagnes sous la neige.

Biologiquement parlant, l'homme est supérieur aux animaux par son intelligence, sa constitution, sa sociabilité, son idéalisme et sa faculté de penser. Son adaptabilité est plus grande. C'est l'adaptabilité infinie qui constitue notre liberté infinie, en somme. Ceux qui ont des idiosyncrasies alimentaires... (tel qui ne peut se passer de viande, de sucre chimique, de lait, de fruits, d'alcool, etc., ou tel autre qui ne peut les supporter) sont déjà malades, gravement malades dans leur organisme digestif, ainsi que dans leurs sens, sentimentalité, intellectualité, sociabilité et pensée. Ils sont malades physiquement et moralement. Ils sont arrivés à l'étape intermédiaire entre la maladie physique et mentale : l'allergie.

Nous pouvons nous passer de tels aliments, comme nous pouvons les supporter. Nous avons la liberté infinie sinon totale. Si nous ne pouvons nous passer de certaines choses ou si nous ne pouvons les tolérer physiquement ou même mentalement ou moralement, c'est un symptôme maladif.

Nous sommes déjà atteints de quelque maladie physiologique ou mentale très avancée. Mais la physiologie étant la base de la psychologie, toute maladie mentale ou psychique n'est qu'un dérivé de la maladie physiologique. Celle-ci, à son tour, peut être analysée physiquement. Mais puisque nous sommes nés avec une adaptabilité infinie, nous pouvons nous adapter à tous les niveaux biologiques, sociaux, économiques et idéologiques, si nous avons été mis dans un tel milieu dès le commencement.

Voilà pourquoi la vie a une complexité apparente. Chose étonnante, nous avons tant de curieuses habitudes enfantines qui choquent parfois ceux qui sont étrangers à notre milieu traditionnel ! Se nourrir de lait, comme si nous étions encore un bébé sans dents, batailler ou discuter confusément politique, économie, ou choses intellectuelles, avec des arguments meurtriers, comme si nous étions encore de petits enfants sauvages. Avoir l'air sûr de soi, être fier ou orgueilleux de posséder des choses triviales, éphémères, relatives, de courte durée, comme si ces biens étaient éternels, constants, absolus, d'une valeur infinie : pendentifs de diamants, pierres précieuses ou coquilles perçant un trou au lobe de l'oreille, au nez ou à la lèvre ; ou posséder des quantités de papier monnaie, des « titres » ou des « diplômes » comme un trésor. Tout cela est très intéressant, mais cette tendance, passée une certaine limite, devient « superstition », « credo », « foi », « mauvaise foi », « foi aveuglée », « force », qui ne sont autre chose qu'avarice, égoïsme, exclusivisme, abus de monopole ou dictature. Et, cette limite étant la frontière entre le monde relatif et le monde infini, absolu, le penseur scientifique, imbu de la science, et le libre-penseur, ceux qui n'ont pas, en permanence, la vision de la Constitution de l'Univers, sont toujours en dehors de la limite, donc toujours menacés de la perte de leur trésor, tandis que ceux qui ont cette vision de la Constitution de l'Univers, autrement dit « vérité », se trouvent dans l'abondance infinie et peuvent faire tout ce qu'ils veulent, sans limitation.

— Tu es grand-prêtre. Je t'ai tant écouté. Je puis te réciter tout ce que tu viens de dire mot pour mot, si tu veux.

— Bon, je m'arrête, je simplifie. Je veux dire que toutes superstition, foi, intellectualité, ne doivent pas du tout être critiquées. Elles doivent être estimées. Elles ont leur raison d'être.

— Tout a sa raison d'être, c'est évident.

— La raison est la justification du jugement.

— C'est pourquoi il y a tant de contradictions apparentes qui s'affrontent.

— Donc pour en finir avec une telle lutte, on doit avoir un jugement plus évolué.

— Mais par cette lutte, on fait avancer son jugement, toujours.

— C'est vrai. Sans la lutte, animée ou calme, notre jugement ne progresse pas. Tu l'as appris dans l'histoire, l'homme lutte depuis des milliers d'années. Pour toute l'humanité, il n'y a aucune issue dans la guerre si stérile. Pourquoi ?

— Le jugement est faussé par suite de telle superstition, de telle éducation physiologique, médicale, sociologique, qui s'adresse seulement et uniquement à notre bas jugement sensoriel, sentimental ou intellectuel. Mais le bas jugement est beaucoup plus fort que le haut jugement, puisque nous vivons dans le monde physique, matériel, tandis que notre haut jugement est spirituel.

— Voilà la contradiction éternelle : le bas jugement qui est le plus fort doit être corrigé et guidé par le haut jugement qui est le plus faible, puisque le bas jugement est physique, tel le jugement sensoriel, sentimental et le haut jugement spirituel, idéaliste. La formule de gouvernement du bas jugement par le haut jugement fut découverte jadis, par de sages penseurs. C'était un enseignement pratique et théorique à la fois. Mais, au cours des siècles, il fut transformé peu à peu par les disciples et les commentateurs. Il était déjà déformé lors de son introduction dans les pays étrangers, jusqu'à devenir totalement différent en théorie et en pratique.

Voilà pourquoi le Christianisme, le Bouddhisme, l'Hindouisme, etc., sont altérés dans leur forme actuelle. La plus marquante déformation de ces enseignements est qu'ils sont entachés, recouverts de « superstitions », et qu'il n'y a aucun prêtre qui puisse sauver l'humanité de ses tares millénaires dites « crimes », « meurtres », « guerres », « maladies », etc., malgré les grandioses instruments modernes et la force organisée comme la police, le gouvernement, la médecine, etc. Tandis que les sages penseurs d'autrefois pouvaient fonder une société pacifique et libre, partout où ils se trouvaient, par la prière et le jeûne, très facilement, sans employer aucun instrument.

On pourrait dire simplement que la superstition est une ignorance dite « foi », ou une mentalité primitive convaincue qu'il existe une force extraordinaire et surnaturelle. La foi est une autre forme de la magie. Si quelqu'un a foi en un médicament, traitement ou opération, dont il ne connaît ni la nature, ni le mécanisme, ni la valeur, il est prisonnier de son ignorance et esclave de sa superstition. Beaucoup sont en proie à des superstitions de cette catégorie : tous ceux qui recommandent ou prennent de l'aspirine, de la quinine, des antibiotiques ; tous ceux qui dépendent de la médecine, des lois, mêmes naturelles ou scientifiques, sans savoir ou vouloir en étudier la cause première, le mécanisme et la valeur, bref, tous ceux qui empruntent le jugement des autres au lieu de juger par eux-mêmes, sont tous prêts à être dévorés par la superstition. Les savants qui cherchent un médicament miraculeux quelconque sans connaître la véritable cause de toute maladie sont des apprentis de la magie.

Manger de la viande est une superstition, si ce n'est simplement un plaisir ou si ce genre de nutrition est basé sur la foi que la viande est riche en protides, calories ou vitamines, donc indispensable à la santé. Nombreux sont ceux qui se passent de viande et sont bien portants et même très heureux. Manger de la viande par plaisir est égocentrisme, égoïsme et mentalité enfantine, donc concourt à notre suicide au point de vue agricole, économique et biologique. Il n'est pas possible que toute l'humanité en mange, comme le disent avec raison d'anciens sages penseurs, tels que Platon, Bouddha, etc.

Mais l'égoïsme ne peut pas être nié, bien qu'il soit une réalisation de notre jugement bas. Le jugement, comme sa base fondamentale, la mémoire, doit être respecté, bien qu'il soit bas, puisque sans le bas jugement, il n'y aurait aucun haut jugement. Si vous pouviez imaginer un monde peuplé uniquement de penseurs du jugement suprême, vous ne voudriez pas y habiter, puisqu'il n'y aurait aucune chose intéressante. Si vous êtes si attaché à cette vie éphémère et diverse, remplie de délinquants, de simples d'esprit, de criminels, de malades, de difficultés, de misères, c'est que votre jugement est le bas jugement, engendrant et ne pouvant percevoir que ces choses. Et les nouvellistes, les romanciers, les journalistes, seraient tous chômeurs, ainsi que les agents de police et les médecins. Dans un tel monde, on serait fatigué. Ce serait trop monotone s'il n'y avait aucun ennui. La réalité dépasse la fiction, voilà la raison de notre existence.

Il ne faut donc pas supprimer le bas jugement. Il nous faut avoir le bas jugement de même que le haut jugement. Ou plutôt, nous devrons estimer le bas jugement à sa valeur de guide dans la nuit noire, comme les lampes électriques. Et nous devons nous rappeler que ces lampes sont allumées grâce au soleil qui brille dans la

journée, le bas jugement étant l'éclairage artificiel et le haut jugement le soleil. La superstition consiste à mettre toute sa confiance
dans les lampes, si pauvres comparées au soleil, et de n'avoir aucune
reconnaissance envers la source de leur énergie, le soleil.

La superstition de la viande est un désir sensuel, favorisé par la
science dite médecine, physiologie ou diététique, consolidée et
encouragée par le capitalisme, qui n'est qu'une autre réalisation
du bas jugement. Vous pourrez le vérifier en feuilletant l'histoire
de l'alimentation des peuples. On ne mangeait pas tant de viande
autrefois, même en France et en Allemagne. Les amis d'Albert
Schweitzer, dans son enfance, lui reprochaient le fait qu'il en mangeait comme la soupe, une fois ou deux par semaine.

LES FRUITS

— Ah, c'est vous le fameux Erewhonien ?

— Vous me connaissez ?

— Oui, je vous connais. Vous dites : « Mangez beaucoup, beaucoup de céréales, et pas de fruits », n'est-ce pas ? Un de mes amis,
vous suivant littéralement, a détruit toute la récolte de son verger,
cet été. Nous sommes absolument opposés à votre théorie. Nous
recommandons les fruits et leurs dérivés, soit au cours de conférences, soit dans notre organe mensuel, déclare l'éditeur-fondateur
d'un journal parisien sur la santé, en face de notre Erewhonien qui
lui a rendu visite dans son bureau. L'éditeur accuse cinquante ans,
mais sa chevelure grise et clairsemée lui donne l'aspect de la
soixantaine.

Notre Erewhonien, stupéfait de l'attaque violente de l'éditeur,
reprit :

— Mais je recommande les fruits pour quelques-uns. Cela dépend
de leur constitution. Je vous enverrai mon dernier livre en français. Je vous prie de le lire et de le critiquer sans cérémonie et objec-
tivement, car c'est une question très importante.

M. Jack rejoint sa femme qui l'attendait dans la voiture. En tra-

versant Paris en direction de leur hôtel, il commence à parler en
réfléchissant aux paroles de l'éditeur.

— Il y a des fruitariens ici, en Europe. Ils s'élèvent courageusement contre les habitudes carnivores des « civilisés ». Sont-ils des
végétariens ayant un goût particulier pour les fruits ? Tous ont été
carnivores auparavant.

— Oui. Cet homme m'a dit être végétarien-fruitarien depuis
15 ans. Mais auparavant il avait été très carnivore. Cela se voit à
toute sa physionomie, à ses dents, à ses yeux et à ses oreilles...

— N'est-il pas un simple révolté ? Et qui, comme tel, n'a aucune
théorie scientifique ? C'est donc un sentimentaliste ? Sa théorie est
peut-être basée sur le jugement de la troisième étape.

— Oui, c'est cela. Il fut si longtemps carnivore qu'il est arrivé
à l'opposé...

— C'est très bien. « Yin produit Yang et Yang produit Yin à
l'extrémité ». Il en est une preuve vivante. L'instinct de l'homme
n'est pas encore perdu, même en Europe. Qu'il raisonne avec le
jugement de la cinquième étape : jugement social, c'est-à-dire au
point de vue économique, national et international.

Et puis avec le jugement de la sixième étape et avec le suprême
jugement.

— Naturellement.

— Mais il en est loin, prisonnier dans son armure de
sentimentalité.

— Il ne comprend pas pourquoi si peu sont végétariens, et pourquoi les carnivores convertis redeviennent très vite carnivores peu
de temps après... à plus forte raison pourquoi il y a autant de végétariens malades que de carnivores.

— Mais c'est amusant ce va-et-vient de conversions et de recon-
versions. C'est un peu comme le mariage-divorce aux États-Unis,
n'est-ce pas ? « Madame X et Monsieur Y sont mariés, elle pour
la sixième fois, lui pour la quatrième. Mais Monsieur Y était son
premier et troisième mari »...

— Ne plaisante pas.

— Pardon cher seigneur, je suis très sérieuse.

— Pourquoi sont-ils si attachés aux fruits ?

— Peut-être sont-ils descendants du singe ou du gorille ?...

— Pas de plaisanterie... Ils sont férus de vitamines, de sels minéraux et ils les prônent. Mais les vitamines sont complexes dans leur composition, différentes et même antagonistes, dans leurs activités. De même, parmi les minéraux, le sodium est antagoniste du potassium. On ne connaît ni l'origine ni la formation, ni le mécanisme des vitamines ou des minéraux. On ne cherche d'ailleurs pas la cause profonde de l'insuffisance en vitamines et en minéraux. C'est donc une hypothèse empirique.

Pourquoi sont-ils si simples, si crédules, si myopes ?

Ils se contentent d'une hypothèse nouvelle qui consolide leur jugment sensoriel, sentimental ou intellectuel. Voilà le danger de la logique inductive. Les savants doivent étudier la logique universelle avant tout. Tout le monde doit étudier en premier lieu la logique universelle, la Constitution de l'Univers et le Principe Unique. La logique formelle de Kant, la logique inductive de Bacon et toute la technique analytique doivent être reconstruites sur les bases concrètes de la Constitution de l'Univers. Alors tous les maux de la civilisation pourront être guéris...

— En tout cas le fruitarisme ou le végétarisme sont une superstition, comme tous les « -ismes »... Te rappelles-tu cette fille du Professeur P., président de la Société diététique ?

— Ah, cette petite fille mongolienne qui louche et qui est prédisposée à la polio ? Sa mère paraît avoir soixante-cinq ans, dix ans au moins de plus que son âge réel...

— Et cette grande fille qui aide son père, le directeur-éditeur du journal fruitarien... « Vérité » ?

— Oui. Elle a déjà l'utérus déformé et des difficultés menstruelles.

— Et ce docteur célèbre par ses livres sur le bouddhisme ?

— Malade cardiaque...

— Et ce grand maître de Yoga très respecté ?

— Toujours malade...

— Tous sont victimes d'une alimentation végétarienne fruitarienne, n'est-ce pas ?

— N'accuse pas. Ils ne connaissent pas tous la Constitution de l'Univers, les secrets du secret de la vie. Ils importent l'alimentation la plus Yin, tout à fait étrangère à ce climat si Yin d'Europe. Ou bien, ils pratiquent et généralisent une alimentation spécifique et individuelle, efficace d'ailleurs dans un cas extrêmement Yang, et par conséquent symptomatique.

— En tout cas, on ignore le principe de la préparation culinaire et surtout végétarienne.

— Tu es tout à fait étonnée par la cuisine si simple et si grossière de l'Occident.

— Il existe une certaine technique culinaire et surtout tant de matières, condiments, épices, huiles et graisses, sucre, moutarde, vinaigre, vins. De plus, tant de viande d'animaux et de poissons au goût excellent. Donc, il n'est pas nécessaire de compter sur la technique. Voilà pourquoi elle n'est pas très développée, tout à fait différente de la nôtre...

— Oui, nous avons un art délicat et profond, créant quelque chose d'absolument nouveau.

— Notre cuisine comporte peu d'éléments. Le sel est le plus important et le seul condiment. L'huile végétale est considérée comme un luxe. Du riz et quelques légumes sauvages ou cultivés, c'est tout. Le sel domine toute la cuisine.

— C'est un art extraordinairement créateur et délicat. Le cuisinier est un véritable médecin-artiste. Comme un grand musicien qui utilise deux ou trois gammes de sons et crée une sérénade, une ronde, une marche, un allegro, une berceuse avec une seule gamme de cinq notes. Il ressemble un peu au joueur de cor ou au flûtiste tirant une mélodie pure ou passionnée d'un cor ou d'une simple petite pipe de bambou d'une trentaine de centimètres ne contenant aucun mécanisme. Mais il est surtout poète comme Whitman, Verlaine, Rodenbach, Mallarmé ou Pierre Louÿs. Ses poèmes sont simples, silencieux, compréhensibles mais extrêmement profonds et symboliques. Tout le monde y trouvera un sens différent. Cependant, peu comprendront toute la signification et toute la supériorité de la préparation culinaire diététique et macrobiotique qui donne non seulement la santé, mais la liberté infinie, non seulement la joie gourmande des sens, mais la joie éternelle, non seulement la juste sensibilité mais, à la longue, le jugement de la justice absolue.

— Mais le végétarisme et le fruitarisme ne reposent sur aucun art, technique ou théorique. Ce sont des réactions ou vogues pseudo-scientifiques, la mode intellectuelle... Être en vogue signifie un succès de la flatterie du jugement sensoriel, sentimental ou intellectuel. Même moi, « la plus ignorante du monde », je le sais. Pourquoi les « civilisés » que tu admires ne le savent-ils pas ? Ils sont en réalité plus ignorants que les primitifs, au contraire de tes dires ?

— Sois patiente. Les « civilisés » sont « civilisés », bien plus intelligents que nous autres « primitifs ». Ils ont cette grandiose « civilisation », créatrice des avions qui nous ont transportés de notre petite île jusqu'ici en Europe, par-dessus les océans infinis, les Indes, l'Afrique, ils ont ces bombes atomiques, qui ont tué plus de 313.000 Japonais non armés en quelques secondes, ces grands hôpitaux modernes, ces grandes universités, ces voitures de luxe, ces autocars brillants...

— Mais à quoi bon ces inventions ? Elles sont toutes pour tuer, détruire, augmenter le confort ou l'utilité. Elles sont inutiles, sinon nuisibles, pour établir le bonheur éternel, la liberté infinie et la justice absolue.

— Tu vas trop vite, ta conclusion est trop hâtive. Il y a une élite très nombreuse parmi ces « civilisés ». Ils appartiennent aux trois groupes superposés : celui du jugement de l'intellectualité, celui du jugement économique ou moral et enfin celui du jugement idéologique. Ces trois groupes du haut jugement sont de moins en moins nombreux. C'est grâce au groupe du jugement de l'intellectualité qu'on a réalisé tant d'inventions si magnifiques et si brillantes. La majorité, appartenant aux trois étapes du jugement le plus bas (sentimental, sensoriel ou mécanique), est bien gouvernée et dressée par l'élite ou la minorité du jugement plus haut (intellectuel, sociologique et idéologique), et elle a construit et créé cette « civilisation ». Mais, chose curieuse, il manque une autre élite, la moins nombreuse, l'élite de l'élite, qui appartient au dernier jugement, le plus haut : le jugement suprême, absolu et moniste. Les six étapes de jugement sont dualistes. Tu vois pourquoi nous avons été désappointés et stupéfaits en rendant visite à tant de gens appartenant à l'élite : ces prêtres, ces millionnaires, ces professeurs, ces docteurs, ces « leaders », croyants, mystiques, fanatiques ou exclusifs, ces éducateurs, ces grands industriels, ces juges, ces avocats. Tous sont dualistes. Personne ne dit qu'il est Dieu. Nous n'avons pas encore rencontré la minorité de la minorité, les plus évolués.

Si on est croyant, on est dualiste, puisqu'on est persuadé que Dieu existe quelque part dans le ciel de l'éternité. On néglige ou on ignore complètement et on ne se demande jamais et à tout prix *« pourquoi on peut penser, se rappeler, percevoir, se souvenir, comprendre ou rêver »* ou ce qu'est la « conscience ». On doit dire que « penser », *c'est* « être », au lieu de « Cogito ergo sum ». L'homme qui pense est éternel. « Être » c'est l'éternité. Celui qui pense infiniment et toujours à l'infini, à l'absolu et l'éternité ; le « penseur » éternel est lui-même éternité. Celui qui ne « pense » pas, ou qui ne pense qu'à des choses éphémères est un phénomène illusoire, imaginaire et non existant lui aussi, comme la mort.

— Où en est notre question ?

— La superstition ? Mais je t'en parle. Toutes les inventions des dualistes qui pensent à ce monde relatif et fini et tout ce qui s'y trouve (maya) comme s'ils étaient éternels, infinis et absolus, sont « superstitions », y compris tous les « -ismes ».

— C'est donc tout à fait différent de notre « tabou » ?

— Oui, notre « tabou » est une invention du « penseur de l'éternité ». C'est une traduction ou une interprétation de l'éternité, la Constitution de l'Univers. Il existe quelque chose de très semblable aussi en Europe, cela s'appelle « la morale ». C'est un simili-tabou. C'est une chaîne invisible qui nous enserre. On est enchaîné, ici en Europe, malgré soi-même. Si on brise ses liens, on est considéré comme un malfaiteur. Mais, en réalité, le « tabou » des civilisés est imposé plutôt pour enchaîner les autres que soi-même. Personne ne le respecte au fond. Voilà d'où vient la nécessité de fabriquer des « lois », c'est-à-dire la force la plus violente. Pourtant, tout le monde s'efforce de rester en dehors de la loi par une autre force magique qui s'appelle « argent ». C'est la raison pour laquelle on ne trouve que des gens pauvres, « sans argent », dans les prisons d'Europe.

— Notre « tabou » est inviolable. « Tabou est notre respect, notre amour, notre amour-propre, notre lumière. C'est notre joie et satisfaction éternelles... »

— La société des « civilisés » est un corps, pour ainsi dire, contrôlé par un système de nerfs volontaires : la « morale ». C'est plus ou moins imposé. Tandis que la nôtre est gouvernée automatiquement par le système des nerfs sympathiques « tabou ». Elle est un automatisme. C'est ainsi que nous n'avons pas chez nous ce « Frankenstein » géant, violent, aveugle et terrible dit « Police » ou « Gendarmes » que tout le monde déteste. On l'appelle : « le mal nécessaire ».

— Mais qu'est-ce que tu voulais dire à propos des fruits ?

— Fruitarisme ? Tu n'as pas encore compris ce que je te dis ? Quel jugement !

— Je suis la plus ignorante du monde...

— Il va de soi que cet « -isme » est une invention du deuxième et troisième jugement : sensoriel et sentimental. On peut dévoiler sa limite par un autre jugement d'une étape plus haute : le jugement intellectuel ou économique.

— Comment ?

— Les peuples fruitariens d'Afrique ou des Indes ne sont ni heureux ni très intellectuels. Au contraire, ils sont très malheureux. Il y a beaucoup de tribus disparues ou moribondes grâce à l'impor-

tation de la « civilisation » occidentale. Les fruitariens et les végétariens protestataires en Occident disparaîtront comme ces aborigènes fruito-végétariens, tôt ou tard, dévorés ou empoisonnés par
la « civilisation », ou deviendront esclaves, emprisonnés économiquement par le capitalisme. Les instruments les plus sinistres qui
tuent ces indigènes ou aborigènes (cinquante millions aux Indes seu-
les) fruitariens, végétariens, sont l'alcool, le sucre chimique, le chocolat, le lait condensé, les médicaments, la médecine, l'argent. C'est
beaucoup plus efficace que des bombes, des soldats meurtriers ou
des avions. On l'a constaté en Indochine et on le constate tous les
jours, partout en Afrique, en dépensant des milliards et des milliards de francs. On apprend la même leçon qu'on avait déjà apprise
à Hongkong, il y a environ 80 ans et qu'on apprend aujourd'hui
à Chypre.

— Et à Lambaréné, au Congo, au Kenya, au Tanganyika, et dans
tous les pays de l'Afrique du Sud. Et en Égypte... D'ailleurs, on
sait bien, même en Europe, que ces « Longues Oreilles » sont exter-
minées par des « Courtes Oreilles » dans ces petites îles du Pacifique. On ne sait pas encore que le végétarisme (surtout le fruitarisme) tue avant tout la fonction sexuelle, transforme le détachement sexuel en haine sexuelle, favorise l'avortement, la naissance
prématurée, l'augmentation de la mortalité des nouveau-nés, la
poliomyélite, la maladie cardiaque... enfin la dépopulation, etc.

— Il ne faut pas attaquer les « civilisés », ils ne savent ce qu'ils
font. Nous devons réfléchir profondément. C'est le fait de l'élite
de l'élite, la minorité plus faible. On attend l'arrivée du Messie sans
savoir que tout le monde possède de naissance la merveilleuse faculté
de jugement, celle de la pensée, de l'imagination, et celui-là n'est
qu'une partie de celui-ci.

— Mais pourtant ce n'est pas difficile du tout... Pourquoi ne
le comprennent-ils pas ?

— Parce qu'ils sont dualistes.

— Pourquoi sont-ils dualistes ?

— Parce qu'ils se sont nourris avec tant de choses trop Yang pendant des siècles et des siècles, et à la fin ils sont devenus Yin à cause de l'avidité de Yin. Yang attire Yin. Le plus grand Yang attire le plus grand Yin.

— Le fruitarisme n'est qu'un dérivé du carnivorisme... oui, c'est le Karma !

— La mentalité Yang est courageuse, audacieuse, simple et cruelle à l'extrême. Cette mentalité, une fois parvenue à son paroxysme, devient une mentalité timide, hésitante, compliquée, analytique, jalouse, douteuse. Douteuse même de soi-même. Mais elle postule l'unité éternelle, infinie, absolue comme son pays natal lointain, oublié, inconnu et étranger.

— Alors, le dualisme n'est en réalité qu'un pauvre enfant perdu du monisme ?

— Le dualisme est une maladie très grave de l'homme, daltonisme qui ne peut voir que la matérialité ou la spiritualité, ou plutôt un cas de schizophrénie... qui produit tous les maux et se détruit...

— Comment le guérir ?

— Par l'alimentation normale que dicte le jugement suprême.

— Messieurs les « civilisés » t'écouteront-ils ? Comprendront-ils cela ?

— Jamais de la vie. S'ils m'écoutent, ils ne me comprendront pas. Et s'ils me comprennent, ils transformeront cela en une religion ou un occultisme. Il faut s'adresser à une élite idéaliste ou à l'élite de l'élite, la minorité du jugement suprême.

— Comment la trouver ?

— Tu le sais, c'est le but de nos efforts depuis notre arrivée, en dépensant beaucoup d'argent... au point de t'inquiéter...

— Il faut attendre des années et des années ?...

— Des années. Oui, peut-être des siècles...

— Des siècles ?

— Oui... des siècles. Te souviens-tu de ce livre : « Meeting of East and West » du Professeur Northrop, où il est dit que « les Blancs se sont efforcés depuis plus d'un siècle à conquérir les Orientaux de couleur, d'abord par la force et la violence, ensuite par la politique (la force camouflée), enfin par l'économie, (la force dite « Argent ») et pour terminer, par la culture (si persuasive) : les trois « S » : le Sexe, le « Screen » (l'écran ou le cinéma) et le Sport. Mais en vain. Ils ont tout accepté et maintenant ils nous trahissent, ils nous attaquent. Quelle ingratitude ! ».

— Oui, je m'en souviens. Tu as passé 57 jours sans dormir en le traduisant.

— A différentes reprises, je lui ai écrit de longues lettres (plus d'une centaine de pages). Il a fini par me comprendre, mais intellectuellement, rien de plus. Sa compréhension était purement formelle. Voilà le jugement le plus haut en Occident.

— Oui, aucune réaction réelle.

— Te rappelles-tu cette triste lettre de Sir Philip Gibbs, l'auteur de ce livre extrêmement intéressant : « Pageant of Years » (« Défilé des Années ») ?

« ... I much regret this. I am so terribly ignorant of Eastern Phi-
« losophy and Wisdom... *Western civilisation has certainly failed*
« *to produce peace and justice for humanity and its recent history*
« *has been filled with war, destruction and cruelty.* But I am too
« old to begin the study of Eastern Philosophy and I must wait
« until my spirit leaves the body — that will not be long — and
« perhaps enters a new phase of knowledge and understanding... »

C'est ainsi que la minorité de l'élite occidentale conçoit la nécessité de l'étude de la mentalité primitive, mais en dernier ressort on s'évade...

(Traduction)

« Je le regrette vivement. Mais je suis terriblement ignorant de
« la philosophie et de la sagesse de l'Extrême-Orient... *La civilisa-*
« *tion occidentale a certainement fait faillite pour l'établissement*
« *de la paix et de la justice dans l'humanité et son histoire récente*
« *a été remplie de guerres, de destructions et de cruautés.*

« Mais je suis trop âgé pour commencer cette étude de la philo-

« sophie orientale et il me faut attendre que mon esprit quitte mon
« corps. Ce ne sera pas long, et peut-être viendra une nouvelle
« phase de connaissance et de compréhension »

La même chose pour ce grand historien Toynbee. Après de longues années d'études, il a conclu que le Christianisme n'est pas l'unique religion, qu'il faut avancer d'un pas de plus vers le Bouddhisme
« mahayana »... Mais trop tard. Il doit d'abord se refaire physiologiquement, biologiquement et logiquement.

— Mais peut-être est-il seul à te comprendre ?

— Pourvu que nous ayons l'occasion de le rencontrer...

— Es-tu désespéré ?

— Oui et non. Nous verrons...

— T'inquiètes-tu pour l'argent ? J'ai encore un collier de gros-
ses perles. Je le vendrai demain et nous pourrons vivre encore quelques mois en Europe. Ne te fais pas de soucis. Tu as déjà guéri
un grand nombre de malades blancs : polio, leucémie, asthme,
paralysie agitante, ulcères duodénaux, hypertension, tachycardie,
rhumatisme, constipation opiniâtre, albuminurie, diabète... Personne ne te récompense comme chez nous. Quelques-uns t'ont
donné un billet de 10.000 francs ? Ils estiment leur vie, leur liberté
et leur bonheur 10.000 francs ? Que c'est peu ! On nous offre chez
nous, en Erewhon, des choses précieuses qu'on a gagnées avec sa
sueur toute l'année en risquant quelquefois sa vie : la nouvelle
récolte de riz, des perles de la mer, des perles colorées des champs,
c'est-à-dire des petits pois rouges, or, verts, jaunes, des grains d'orge
et de millet. Que c'est beau et précieux ! Nous n'en finissons pas
de les distribuer à nos amis pauvres... après avoir nourri toute notre
maison, une centaine d'étudiants... On nous donne en récompense
ce qu'on possède et possèdera toute sa vie, des années et des années.
En outre, on nous aide à la diffusion de notre Principe Unique qui
donne le bonheur éternel à tous...

— Tu es injuste. Tu ne sais pas que la majorité d'ici est consti-
tuée par des « salariés ».

— Que sont ces « salariés » ?

— Ce sont des esclaves enchaînés par une chaîne d'argent d'ailleurs invisible.

— Mais tu dis qu'un Blanc appelé Lincoln a libéré tous les esclaves Noirs ? Il y en a donc encore ?

— Non. Lincoln a libéré tous les Noirs, mais ces esclaves « salariés » ne sont pas des Noirs enlevés à la jungle noire africaine et vendus aux États-Unis et en Europe par des Blancs. Ce sont des Blancs qui vendent volontairement leur vie.

— Alors, ce n'était pas un crime que les Blancs enlèvent nos frères et sœurs d'Afrique, pour les vendre aux États-Unis et en Europe, mais une profession bienfaisante ?

— Oui, mais oui, c'est une profession honorable d'être « salarié ».

— Que c'est admirable !

— Toutes les écoles et universités sont destinées à enseigner comment devenir un « salarié » honorable.

— Les médecins salariés ? Les philosophes « salariés » ? pas possible !...

— Tu ne comprends pas que tous les pays occidentaux sont gouvernés par le roi « Économique ».

— Que c'est beau ! Iécon-nomie signifie « la maison » d'après l'Ordre de l'Univers, n'est-ce pas ? Si la maison des individus se gouverne d'après l'Ordre de l'Univers, le Principe Unique, c'est la paix qui règne librement...

— Tu ne comprends pas, « l'économique » signifie l'argent...

— Pourquoi pas l'or ?

— L'argent signifie l'or...

— Vraiment ? Je ne comprends pas davantage...

— « L'économique » est la force qui règne et l'argent (ou l'or) est son symbole.

— La force règne ?

— Oui, c'est la jungle.

— Mais dans notre jungle, ainsi que dans la jungle indienne ou africaine, ce n'est pas la force qui règne, c'est le Principe Unique que tout le monde connaît, aime et pratique. Il est inutile de chercher à le traduire. Le Principe Unique ne parle pas, ne s'exprime pas, mais tout le monde le connaît entièrement.

— En Occident, c'est la force qui fait loi.

— Alors cela complique tout, cela fait du bruit. On ne sait pas encore que la force suprême est le jugement suprême ? Et que tout le monde a le jugement suprême ou plutôt, l'humanité, tous les êtres de l'Univers ne sont qu'un instrument où joue le jugement suprême ? L'Univers infini, éternel, absolu dont notre terre n'est qu'une partie infinitésimale limitée, finie et relative, est le jugement suprême lui-même.

— Le roi muni de la force est le roi de la civilisation.

— Je préfère la jungle à la civilisation.

— Mais notre loi, le Principe Unique, cette dialectique pratique doit être comprise par les Occidentaux. Autrement notre loi, le Principe Unique, n'est plus universelle ni suprême, ni unique. Ni la paix éternelle, ni la liberté infinie, ni la justice absolue ne peuvent être réelles...

— Tu penses guérir toute maladie « par la prière et le jeûne ». Ce n'est qu'un examen que tu dois passer avec plaisir comme toujours ! Cette maladie dite « civilisation ». Tu m'avais dit, dans la forêt des Lucioles où nous avons été pour la « chasse aux champignons », que jadis quelques grands penseurs d'Occident diagnostiquèrent cette « civilisation » comme une maladie fatale de toute l'humanité...

— Ah !... E. Carpenter, Whitman, Spengler, Rudolf Steiner, Schopenhauer, J.-J. Rousseau, Voltaire... ?

— Oui, c'est cela. Mais où sont-ils ? Que sont-ils devenus ?

— Ils ne sont plus.

— Mais non, ils sont en toi, tu le sais bien. C'est la réincarnation. Ils sont toi dans la vie passée. Tu es revenu pour accomplir leur mission.

— Oui... oui... c'est vrai. Je ne dois pas répéter leurs fautes...

Comme Carpenter j'étais trop Yin. Comme Whitman j'étais trop paresseux, optimiste et enfantin. Comme Spengler j'étais trop occupé de critique. Comme Rudolf Steiner, j'étais trop révolté et trop fier de moi. Comme Robespierre, j'étais trop violent, trop hâtif... Mais je ne dois pas recommencer la vie de Lao-Tse, ni celle de Bouddha. Tous ces rôles convenaient à leurs époques respectives.

— Voilà la signification de ta réincarnation.

— C'est entendu, mais as-tu bien compris ce qu'est cet « Économique » ?

— Ah, le roi « Économique » ? Non, pas très bien.

— Tu es trop erewhonienne. En réalité, l' « Économique » n'existe pas dans notre petite île où l'on s'efforce de vivre une vie naturelle d'après la Constitution de l'Univers. Là, notre vie doit être créatrice. Nous ne devons pas dépenser ou gaspiller la production des autres, et même la réalisation du Principe Unique. Compter sur la production du travailleur est considéré comme une exploitation parasitaire d'esclave, ou un crime. Nous devons consommer le moins possible, en mangeant peu, nous vêtant peu, habitant la plus humble maisonnette : « Que le toit protège de l'eau qui tombe, que la nourriture demeure à la dernière limite de la mort par la faim... » Mais nous devons beaucoup encore aux autres, aux travailleurs humbles, honnêtes, humiliés, simples, courageux et pauvres. Donc, nous devons donner tout ce que nous avons, surtout ce qui est le plus précieux : notre vie, notre amour absolument désintéressé, expliquer notre Principe Unique pour tous les Pharisiens, tous les Gentils,... donner, donner, donner, c'est la vie erewhonienne. Ne pas demander, ne rien demander, le détachement complet : voilà notre chemin à parcourir. Voilà notre principe économique.

— C'est naturel. Nous vivons ainsi.

— L'économie occidentale est le contraire cent pour cent. Ce qu'on enseigne dans les universités et les écoles occidentales comme « économie », c'est l'art d'exploiter les travailleurs, autant que possible au maximum. Si on dit ici qu'on doit donner, c'est pour prendre davantage. L'économie occidentale est l'art de prendre, de voler, et ceci par exploitation cruelle.

— Même par la force ?...

— Oui, mais oui. Regarde ces guerres. Nous avons vu deux grandes guerres mondiales et une cinquantaine d'autres çà et là depuis le début du siècle. Ce monde est toujours en état de guerre chaude ou froide. C'est une maladie de toute race blanche, dit-on.

— Mais la guerre n'existait pour ainsi dire pas chez nous autres, les peuples primitifs, depuis le commencement sans commencement, jusqu'à l'importation de la « civilisation » de l'Occident, oui... jusqu'à l'entrée des Blancs en scène. C'est depuis seulement un ou deux siècles que la terre et les océans de cette planète sont devenus la scène sanglante de la destruction et de la cruauté...

— Comme Sir Philip Gibbs le dit dans sa lettre.

— « Civilisation » est une maladie contagieuse, en réalité ? Ce n'est pas la « civilisation » mais la « syphilisation » ou la peste ? Qu'est-ce que ces grands Messieurs blancs, Churchill, Ike, Truman et les autres ?

— Ce sont les généraux les plus forts du roi « Économique ».

— Je ne comprends pas du tout. C'est impossible.

— Ils sont éduqués comme cela dans les écoles et dans les universités.

— Et à l'église, qu'est-ce qu'on y apprend ?

— On y apprend à prier Dieu pour obtenir sa protection.

— Dieu au service de l'« Économique » ? Protecteur des tueurs ? Ce n'est pas possible, tu te moques !

— La réalité dépasse la fiction. C'est amusant. C'est pourquoi nous sommes venus en Occident, pour apprendre qu'il y a en réalité un monde antipodal où l'on marche sens dessus dessous. On y pense de même. La force en tête, l'esprit aux pieds. La beauté à l'extérieur, la saleté à l'intérieur. Le salon de beauté est le fabricant des femmes qui trahissent les hommes. Elles tuent leurs maris et leurs amis... Aimer c'est tuer, dévorer, ici.

Aimer, dans ce pays du roi « Économique », c'est posséder ou voler des biens matériels : argent, beauté, force, technique ou connaissance. Tandis que dans notre pays, aimer c'est donner sans aucune récompense.

— Le roi « Économique » est-il le plus grand propriétaire ?

— Oui, il a des châteaux, des armées, des diamants.

— Alors ce n'est pas notre roi.

— Oui, c'est une grande faute de dire « L'empereur du royaume d'Erewhon ». Le mot « empereur » signifie « qui possède la force politique, économique, la dictature... »

— C'est aussi le contraire de notre roi. Celui-ci ne possède ni château, ni armée, mais un toit qui empêche les gouttes d'eau tomber dans la chambre, la nourriture qui l'empêche de mourir de faim.

— L' « économique » d'Occident est une technique pour vivre dans l'abondance et le gaspillage, tandis que la nôtre est une technique pour vivre une existence créatrice, en toute pauvreté et en toute difficulté : faim, froid, chaleur, travail dur... travailler pour nourrir et vêtir des enfants étrangers... pour faire connaître le Principe Unique qui garantit le bonheur éternel, la liberté infinie, la justice absolue...

— Mais ici, en Occident, tout le monde possède beaucoup de choses, des meubles, une montagne d'objets d'art, des tableaux qui couvrent les murs, de vieilles assiettes, de vieux ustensiles de cuisine et même des sabots dans le salon et la salle à manger. La maison de Madame A. et celle de Madame B. sont un véritable musée. Ces objets sont tous périssables. Ils sont une cristallisation de nos désirs infiniment avares, ils sont possession, monopole, exclusivisme, vol à tout prix et en toutes occasions. C'est une honte de posséder tant de choses éphémères, inutilisables, que l'on garde, qui suscitent l'envie, la jalousie, et parfois provoquent le crime.

— Tu as raison, mais ici nous sommes en Occident, c'est-à-dire dans un pays tout à fait antipodal ! Notre raison n'est plus valable.

— Tout le monde possède trop. Même Mesdames A. et B. ont davantage que les plus riches de chez nous. Là, on ne doit pas étaler sa fortune. Chez celui qui a une belle maison, dans la plus belle pièce, toujours destinée aux amis ou aux étrangers, il n'est permis d'exhiber aucun objet d'art, aucun meuble, sauf une table de bois garnie d'une fleur sauvage de la saison, rien d'autre. Celà ne doit pas être un musée plein de souvenirs morts. Nous sommes asphyxiés par l'odeur répugnante de cadavres des désirs, de l'avarice des gens cruels qui vivent une vie d'exploiteurs et d'usurpateurs. Et ces dames qui gardent ces souvenirs sont elles-mêmes un peu comme des objets d'art usés, comme des momies vivantes déformées par les rhumatismes, les séquelles de la syphilis ou de la gonorrhée...

— Pourtant, on connaît bien notre vieux dicton : « Il est plus difficile à un riche d'entrer dans le Royaume des Cieux qu'à un chameau de passer par le trou d'une aiguille ». Plus on possède dans ce monde relatif, plus on est pauvre dans le monde infini, éternel, absolu. Celui qui est le plus fortuné, soit économiquement, soit intellectuellement, est le plus pauvre d'âme et d'esprit.

Regarde, voilà deux coupures que notre fils spirituel a prises dans un journal. Voilà la preuve qui vérifie économiquement le Principe Unique. La première nous montre comment la « civilisation » tue la population primitive, innocente, courageuse et honnête, en exploitant sa richesse et en donnant en récompense des poisons alcooliques. Cette statistique n'est pas complète. Il y a encore beaucoup d'autres poisons, et plus terribles : le sucre, le lait condensé, le chocolat, les caramels, les bonbons, les gâteaux, les biscuits, les prétendus jus de fruits chimiques, colorés avec des colorants chimiques cancérigènes qui se transforment tous en alcool dans notre corps. La deuxième est plus intéressante, elle montre combien est coûteuse l'alimentation des soldats et combien cette alimentation est nuisible à la santé des soldats eux-mêmes. De plus, on doit dépenser des milliards, après la « pacification », en éducation, qui transforme les primitifs innocents, honnêtes et courageux en « pseudo-civilisés » équivoques, cruels, malhonnêtes, et en établissant des hôpitaux pour soigner les malades indigènes primitifs victimes de l'alcool, du sucre et des sucreries, des produits animaux et des produits chimiques industrialisés...

L'économie d'abondance, l'économie abusive crée et augmente

le confort, le plaisir ; voilà la vie moderne à son plus haut niveau. Le confort et le plaisir excitent de plus en plus la joie de vivre une vie matérialiste et sensuelle, qui engendre des crimes. Et ces crimes deviennent de plus en plus intellectuels, industriels, internationaux, grâce à l'éducation professionnelle et aux communications rapides... Au bout, il n'y a que la mort de l'humanité.

De l'économie d'abondance ou de l'économie du « toit-qui-protège-seulement-de-l'eau-qui-tombe », laquelle est supérieure ?

— C'est difficile à définir. Gandhi a nié la première, mais le disciple de Gandhi s'efforce de l'importer...

— On peut importer la « civilisation » si l'on n'oublie pas notre « Principe Unique »...

CONCLUSION

Les médecins ainsi que les profanes me critiquent en disant :

1° « Pourquoi les fruits sont-ils mauvais ? » Mais je n'ai jamais dit cela. Ils sont beaux et délicieux même pour moi. Je ne le nie pas. Je les aime et les adore.

2° « Pourquoi ne peut-on pas manger des fruits ? ». Mais, je n'ai jamais dit cela. Je dis seulement : « Ne mangez pas certains fruits pendant un certain temps ». Le but de notre médecine extrême-orientale est d'ailleurs de transformer un pauvre malade en un homme libre qui peut manger et boire à volonté n'importe quoi, même le poison.

3° « Tout est créé pour l'homme ; on a le droit de jouir de tout. » C'est une logique tout à fait égocentrique, exclusive, un peu paranoïaque. Admettons que toute la fortune d'un milliardaire soit destinée à son héritier. Celui-ci n'a pas le droit d'en abuser ni de s'intoxiquer. Si tout est créé et donné pour l'homme, peut-on tout accepter avec le même plaisir, sans distinction ? Avant tout, quel est le témoin qui vous affirme que tout est à vous ? Ou bien, peut-on accepter les microbes et les virus malfaiteurs, les meurtriers, les voleurs en même temps que les bienfaiteurs ?

4° « Saint Paul dit que tout ce que Dieu a créé pour l'homme est bon et qu'aucun aliment n'est à proscrire ». C'est très vrai. Mais, qu'est-ce que des fruits qui sont créés uniquement... « pour l'homme » ? Les fruits sont-ils créés pour l'homme ? Qui le prouve ? N'y a-t-il pas d'autres animaux qui ont le droit d'en manger ? Tous les fruits qu'on mange ces jours-ci ne sont-ils pas fabriqués « par l'homme », pour « l'argent », artificiellement ? Combien de pommes seront distribuées annuellement, par tête, si elles sont distribuées d'après la loi d'égalité ? Vous dites que vous ne consommez que quatre pour cent de raisins comme fruits en France, tout le reste étant employé pour la fabrication du vin. Alors, consommez-en donc deux mille cinq cent pour cent dans une saison, vous aurez vingt-cinq fois plus d'enfants « mongoliens » et vingt-cinq fois plus de poliomyélites. Ne me croyez pas, mais vérifiez-le vous-mêmes.

Après tout, je suis extraordinairement stupéfait d'un tel bas jugement égoïste, exclusiviste, enfantin de ceux qui insistent sur le fruitarisme et de leurs imitateurs aveugles. Pourquoi cette compréhension si voilée ? D'où vient-elle ?

La découverte de l'efficacité thérapeutique des fruits chez un sujet trop carnivore est splendide. C'est le génie du Dr Carton. Nous devons nous en souvenir pour toujours, mais en même temps nous devons perfectionner et développer sa théorie au lieu de rester ses imitateurs aveugles. Nous devons justifier scientifiquement sa découverte.

Je ne comprends pas cette imitation aveugle des médecins et des malades, qui suivent et qui répètent le jugement d'autrui comme un phonographe. Les médecins phonographes et les malades phonographes !...

Pourquoi y a-t-il tant de phonographes ? « Parce que les étudiants de la Faculté de médecine sont de mauvaise qualité. Il n'y a aucune limite d'âge pour entrer dans la Faculté. On peut tenter les examens d'admission de la Faculté même à l'âge de trente ans, après avoir échoué successivement pendant dix ans ou douze ans... » Les étudiants en médecine sont de ceux qui peuvent être éliminés par la sélection naturelle, dit-on.

Je ne puis le croire...

D'où vient cette incompréhension sans pareille, inimaginable ?

« Pourquoi les fruits sont-ils bons ? »

« Parce qu'ils sont bons pour notre sens sensoriel. »

« Donc, c'est empirique ? Ce n'est pas justifié, même scientifiquement ? »

« Mais il y a tant d'animaux qui en vivent et qui sont en bonne santé. »

« Êtes-vous tout à fait satisfaits de vous assimiler aux singes et d'en rester à leur stade d'intelligence ? »

« Mais les fruits sont créés pour l'homme , on peut les manger crus. »

« Et pourquoi l'homme a-t-il inventé le feu ? Voulez-vous anéantir la différence entre la civilisation de l'homme et la vie dans la jungle des animaux ou des aborigènes ? »

« Mais la vitamine C est si précieuse pour l'homme ! »

« Qu'est-ce que l'acide ascorbique ? Vous ne savez pas qu'il y a beaucoup de maladies spécifiques chez ceux qui mangent des fruits et des salades en abondance, telles que la maladie cardiaque, l'asthme, la cataracte, la constitution allergique, etc. ? »

Ah ! quel jugement primitif ! C'est le jugement de la deuxième étape dite « sensorielle » ou « superstition ». Ce jugement des « civilisés » me fait frissonner.

Ce que Jack voulait dire à propos du végétarisme fruitarien peut être résumé, je crois, dans les quelques lignes suivantes :

Les fruits peuvent être recommandés pour une constitution très Yang afin de neutraliser le résidu malfaisant d'une alimentation carnée pendant de longues années. En ce cas, ils sont très efficaces.

Les fruits doivent être interdits aux malades dont la constitution très Yin est due à une alimentation très Yin, végétarienne à l'excès, fruitarienne, sucrée, ou à une médication prolongée avec des produits chimiques, riches en narcotiques, acide ascorbique, vitamines B1-B2-B6-B12, Nicotinsaureamid, etc.

On peut vérifier très facilement l'effet dilatateur Yin des fruits. Donnez quelques fruits à un enfant qui a tendance à uriner au lit, il n'y faillira pas la nuit-même. Donnez quelques fruits pendant quelques jours, surtout des figues, à une femme enceinte, elle aura une issue prématurée et le nouveau-né mourra bientôt. Une femme qui prend des fruits journellement sera stérile.

90 % de ceux qui perdent beaucoup de cheveux sont ceux qui aiment les fruits. Celui qui ne mange pas de fruits peut manger une poire ou une pêche pour constater que 10 fois plus de cheveux tombent le lendemain matin lorsqu'il se coiffe.

Celui qui mange des fruits tous les jours sera privé du désir sexuel. Celui qui est plus ou moins Yin de constitution, soit par naissance, soit par une alimentation fruitarienne, oublie le désir, pour toujours, devient de plus en plus pieux, et considère la sexualité comme détestable et odieuse.

La dépopulation d'une communauté ou d'un pays est très nette quand ils sont fruitariens. Cela apparaît sur une carte démographique.

Le nombre de poliomyélites et de mongoliens est proportionnel au nombre d'arbres fruitiers, de leur productivité, de la consommation des fruits ou de leur importation. La saison des poliomyélites coïncide avec celle des fruits. Aux États-Unis, où la poliomyélite règne à l'état endémique, on chasse les « virus » de poliomyélite en couvrant les villes où sévit cette maladie avec la neige de D.D.T. dispersée par des avions. Mais, qu'on le sache : la maladie elle-même est dispersée par les marchands de fruits dans toutes les rues.

Les gorilles et les singes fruitariens sont des homo sapiens « mongoliens ».

Ceux qui aiment et mangent perpétuellement beaucoup de fruits deviennent à la longue soupçonneux, jaloux, peureux, hésitants et frileux, et aboutissent à la maladie cardiaque.

Les femmes fruitariennes ont l'utérus déformé et des menstrues irrégulières.

Les cancéreux aussi sont presque toujours ceux qui aiment les sucreries et mangent continuellement des fruits.

D'autre part les fruits ne sont pas très riches en calories.

Au point de vue économique ou agricole, la production fruitière ne peut pas être recommandée. Si l'on transforme tous les vignobles de France en champs de céréales, la France aura une production de millions de tonnes de céréales et n'aura plus besoin d'en importer.

M. Jack vous recommande de vérifier sa théorie en mangeant ou en donnant à quelqu'un tous les jours un ou deux fruits (cent ou deux cents grammes) pour constater une tendance nette à l'hypertension cardiaque, et cela dans un très bref délai.

Il demande des renseignements sur la culture fruitière en Europe, l'augmentation de la surface destinée aux arbres fruitiers, l'augmentation annuelle de la production des fruits et sur les premiers prosélytes du fruitarisme, afin d'apprendre s'il y a vraiment quelque bénéfice à cette tendance, non pas un résultat palliatif ni temporaire, mais fondamental. S'il y a bénéfice et résultat profond et durable, il fera son hara-kiri.

L'ÉGLISE, LES MÉDICAMENTS, LA MÉDECINE

Dieu. Qu'est-ce que Dieu ? Où est-il ?

Chaque jour, nos deux primitifs voient des gens entrer dans une église, sortir d'une autre, au hasard de leur promenade et surtout le dimanche. Cela les surprend toujours.

— Pourquoi vont-ils à l'église ? Pourquoi ? Je ne comprends pas cette mentalité, dit M. Jack.

— En sortent-ils heureux ? Ils sont allés prier un Dieu qu'ils ignorent complètement. Et ils sont heureux comme si leur prière avait été entendue et exaucée...

— C'est vraiment bizarre. S'ils sont des gens de bas jugement, il est curieux qu'ils s'adressent à Dieu dont ils se croient loin, et pourtant ils reconnaissent que Dieu : « Le Jugement Suprême », existe. Mais c'est un pays de « civilisés blancs », et l'on vit à une époque dite scientifique, matérialiste, qui ignore complètement l'existence de Dieu.

— C'est à cause des prêtres, qui ont enseigné pendant des siècles et des siècles, sans savoir eux-mêmes qui est Dieu ni où il est, que quelques-uns fréquentent l'église avec un sentiment très vague ou une idée plus concrète, en y cherchant quelque soutien psychologique.

— Dieu n'est autre chose que notre jugement suprême. La Constitution de l'Univers dans notre petite île Erewhon ne peut pas être l'objet d'une mendicité. Celui qui connaît Dieu connaît tout. Celui qui ne le connaît pas est le seul à demander, à mendier, à voler. Il veut voler Dieu lui-même.

— S'il réussit, c'est le vol d'une attribution quelconque de Dieu, le jugement suprême. L'instrument divin dans la main d'un voleur devient de la magie. Ces églises occidentales sont donc une pépinière de sorciers en puissance. L'église est la génératrice de la superstition. Ceux qui la fréquentent sont ceux qui ne se contentent pas des inventions modernes. Ils sont plus avares que les autres civilisés. Ce sont les pires mendiants. Ils sont beaucoup plus criminels que les scientifiques.

— Tu es trop hâtive, n'accuse personne, ne critique personne. Notre Principe Unique est un sabre pour se tuer comme celui du Samouraï du Japon. Si nous ne pouvons sauver les pauvres du jugement bas, nous ne pouvons nous en prendre qu'à nous-mêmes de notre incapacité.

— D'accord. Ce que nous devons faire avant tout ici, en Occident, dans cette jungle dite « civilisation » c'est crier à haute voix : Écoutez le Principe Unique, qui nous affranchira de tout, de tous les maux et de tous les malheurs, en nous donnant ou nous garantissant la liberté infinie, le bonheur éternel et la justice absolue.

C'est une dialectique pratique, c'est une logique universelle, qui embrasse la logique formelle. C'est ce qu'on appelait jadis « Dieu ». C'est la Constitution de l'Univers, la divinité elle-même.

— Tu es très éloquente aujourd'hui. Qu'as-tu mangé hier ?

— Rien, comme toujours. Mais c'est toi qui est très Yin aujourd'hui. Tu as bu un verre de champagne hier chez Madame C. Mais moi, je n'ai pas bu... pas une seule goutte d'eau. J'ai jeûné.

— Oui, tu as jeûné. Ah, le jeûne et la prière !... Il faut apprendre la vérité, la Constitution de l'Univers. Il n'est rien d'autre que l'on doive apprendre en ce monde. Tout enseignement, toutes les hautes études scientifiques ou philosophiques sont inutiles et nuisibles, si l'on ne connaît pas la vérité, la conception du monde et de la vie. Comment peut-on, en tant que médecin, sauver un malade ? Comment peut-on juger quelqu'un ? Juger, c'est connaître la cause ultime, en vue de le libérer de sa faute originelle. Hors la vérité, juger signifie punir, et cette punition ne paie jamais. Enseigner sans connaître la vérité unique, c'est fabriquer des criminels intellectuels. Être politicien sans connaître la loi de l'Univers, c'est exploiter le peuple des travailleurs, en dévorant son sang, soit par des taxes, soit par le sacrifice vivant : la guerre.

— Voilà le crime de l'Église, qui a oublié d'enseigner le Principe Unique d'une des religions d'Extrême-Orient, et ce depuis des siècles !

— Ou depuis le commencement.

— Mais pourquoi ces gens vont-ils à l'église ?

— C'est aussi une nostalgie, peut-être.

— C'est un peu comme la visite au cimetière ? C'est un but de promenade ou la recherche d'une consolation ou est-ce par sentimentalisme ?... Ce n'est pas par profonde reconnaissance ou bien par vif remords. Ni pour constater la tristesse de la vie mondaine si éphémère, si inconstante, si incertaine.

— Mais ce qui est le plus surprenant, c'est que tant de jeunes gens et tant de jeunes filles embrassent la vie religieuse, se consacrant entièrement à une religion, renonçant à toutes les joies familiales ou conjugales et à tout confort. C'est très curieux, n'est-ce pas ?

— Oui, c'est vrai. C'est extrêmement étonnant. C'est un fait qu'on n'a jamais vu en Erewhon, ni au Japon, ni en Chine...

— Est-ce aussi du sentimentalisme ?

— Peut-être... ou une révolte intellectuelle. Sans doute par réaction contre l'excès de Yin que leurs parents, trop Yang (trop carnivores), aimaient tant et leur ont transmis. Mais en tout cas, il est triste de voir tant de jeunes gens tourner le dos à cette société matérialiste, économique, scientifique et capitaliste, pour se consacrer à une vie ecclésiastique, évitant ainsi toutes les aventures du monde, à travers lesquelles seulement on pourrait trouver le véritable et unique chemin qui peut guider vers le bonheur éternel.

— C'est peut-être mieux, beaucoup mieux, d'entrer à l'université ?

— ... Non, c'est pire.

— Pourquoi ? Étudier la médecine symptomatique, qui extermine toute l'humanité, soit en détruisant la sélection naturelle, qui nous fortifie, soit en imposant vaccinations, antibiotiques, organes artificiels tels que dents, yeux, reins, cœur, estomac ; soit par opérations sanglantes... c'est bien pire que d'étudier des livres religieux...

— L'apprentissage meurtrier physique, chimique, biochimique, médical ou politique, est lamentable pour les jeunes gens, mais il est préférable à l'apprentissage ecclésiastique.

— Pourquoi ?

— Parce que le massacre brutal et immédiat est moins pénible que l'intoxication lente... ou la prolongation de l'attente qui précède l'exécution de la peine capitale.

— Tu es devenu un peu cruel depuis que nous sommes arrivés en Europe... tu es un peu européanisé ?

— Mais je n'ai été que deux fois invité dans un restaurant français...

Nous avons vu tant de personnes cruelles et brutales, soit dans

les rues, soit dans le métro ! Surtout ces dames aux allures mascu-
lines qui trahissent une psychologie du même ordre et crient à voix
haute, désagréable ou méchante. Elles ont plus ou moins détruit
notre délicatesse, notre souplesse, notre politesse. N'est-ce pas ?

— Ah, je me souviens... Nous avons visité il y a quelques mois
un grand institut de malades mentaux dans la montagne lointaine.
C'était magnifique, ces bâtiments, véritable château moderne donnant sur un grand lac très pittoresque... De loin, on aurait dit
l'entrée du paradis...

— Ah, je m'en souviens, que c'était triste ?

— Et la religieuse en blanc à l'entrée ?

— Elle nous a repoussés carrément d'une voix sèche,
impérieuse...

— Elle a déclaré : « Vous ne pouvez pas visiter l'intérieur ».

— Tu avais demandé à voir un des médecins, n'est-ce pas ?

— Mais oui, c'est ça. Alors elle m'a répondu : « Il n'y a aucun
médecin ». Stupéfait de cette réponse, j'ai demandé : « Qui est responsable médicalement ? »

— Et puis ?

— « Il n'y a personne dans cet institut. Le seul médecin qui
vienne de temps à autre habite le chef-lieu du département... Il n'est
pas nécessaire d'avoir un médecin. Les malades sont tous « *Incurables* », a-t-elle dit. Et la porte s'est refermée.

— A ton nez.

— Personne ne s'occupe des pauvres malades autrement que
comme des criminels « condamnés à l'emprisonnement à vie ».
C'est ainsi que les Schumann, les Meier sont morts emprisonnés...

— Quels médecins cruels !

— Ce ne sont pas seulement les médecins qui sont cruels envers
eux, mais aussi les parents qui les abandonnent. Et ce n'est précisément pas de la cruauté... mais plutôt ignorance, incapacité,
incompréhension de la part de la médecine occidentale, et égocentrisme cruel du jugement de la deuxième étape très peu développé.
La médecine de la folie est insensée.

— Aucun médecin ne guérit la maladie mentale ?

— Je n'en ai pas entendu parler.

— Mais chez nous, on la guérit, tu l'as fait des centaines de fois...
Tu dis toujours que la maladie mentale n'appartient qu'à la troisième étape de la maladie de l'homme, donc c'est extrêmement facile
en comparaison avec les autres maladies, qui appartiennent à la
quatrième, cinquième ou sixième étape. L'épileptique, en particulier, peut être rétabli en quelques jours par notre simple méthode
diététique.

— Oui, en comparaison avec la maladie spirituelle qui appartient à la septième étape (arrogance, dualisme), c'est très facile. Mais
après tout, la médecine occidentale est une médecine symptomatique. Et les symptômes de la maladie mentale sont insaisissables,
donc impossibles à soigner. Voilà la cruauté de cet institut. La
cruauté est un enfant terrible du jugement bas.

— La cruauté règne en toute médication occidentale... Elle attaque les symptômes, les détruisant, massacrant microbes, virus, parasites, amputant membres ou organes malades ou non...

— Voilà la supériorité et l'infériorité de la médecine
symptomatique.

— Pourquoi la supériorité ?

— Parce que c'est immédiat. J'admire cette méthode immédiate
d'amputation, et je souhaite qu'on la développe et qu'on l'applique jusqu'à l'extrémité, partout, pour toutes les maladies... Enlever le cœur malade, le cerveau, les reins, les poumons, le foie...
accélèrera la chute catastrophique de la médecine symptomatique...

— Ou plutôt la fin de l'humanité ?...

— Oh non, la catastrophe de la médecine réveillera le haut jugement de l'homme.

— Mais il y a de grandes usines pharmaceutiques... Te rappelles-
tu ce directeur d'une grande compagnie pharmaceutique qui, depuis
dix ans et demi, souffre du cœur, ayant en vain essayé tous ses produits (dont la vente totale dépasse plusieurs centaines de milliards)
et après avoir consulté des médecins de premier ordre dans le monde

entier ? Ses produits sont inefficaces. Mais ils se vendent... et ce directeur est si orgueilleux, si arrogant !

— Oui... Mais... La catastrophe de la médecine peut aussi accélérer la catastrophe de l'humanité sous une autre forme : maladie mentale et spirituelle.

— Finalement, où va la médecine ? Jusqu'où amènera-t-elle l'humanité ?

— Elle va à sa corruption totale ainsi qu'à celle de la pharmacologie.

— Cela prendra des années et des années.

— On dit en Chine : « *Attendons une centaine d'années ou des centaines d'années, le jour viendra où la Rivière Jaune deviendra verte, transparente et limpide. Patience !* »

CHAPITRE IV

VERDUN

Le temps est couvert.

Monsieur S. conduit sa « Versailles », dans laquelle se trouvent assis les deux Primitifs. Monsieur S. pousse un bouton et chauffe l'intérieur de la voiture. Dehors, il fait très froid.

La voiture roule à 120 à l'heure, sans aucun bruit, à travers des champs abandonnés, immenses ; ils ne sont pas couverts de belles forêts comme ailleurs, ils sont bizarrement nus. Pas un seul être vivant. Çà et là, sur des sommets éloignés, aux ondulations grisâtres, se dressent des blocs noirs, carrés, plats : des monuments commémoratifs de la guerre...

Le plafond des nuages sombres est très bas et rejoint l'horizon. Brusquement, dans un virage, apparaît un champ couvert de fleurs blanches...

La vitesse diminue, on voit mieux ce champ fleuri hors saison. En réalité, ce ne sont pas des fleurs, mais des milliers de croix blanches sous lesquelles gisent des soldats. C'est un cimetière parmi les centaines qui datent de Verdun.

Un autre virage, le cimetière disparaît.

La voiture s'arrête devant un grand monument de pierre sombre au centre duquel se dresse une tour carrée, haute de quarante mètres. Sur les quatre faces de cette tour, quatre grandes croix en relief. Au sommet s'allume chaque soir le phare de Douaumont dont les feux rouges et blancs éclairent ce champ immense et veillent ces morts innombrables... toute la nuit.

L'ossuaire de Douaumont, ce grand monument au centre de cette nécropole stérile, même après une quarantaine d'années, symbolise la « guerre », cruelle tuerie en masse. Tout le monde devrait voir cela, hommes ou femmes, enfants ou adultes, fédéralistes pacifistes ou non, une fois au moins dans sa vie, ou plusieurs fois. Ou encore, une fois par an, pour apprendre et comprendre ce que signifie la « guerre ». On doit connaître ces montagnes d'ossements : bras, pieds, crânes fracassés ou entiers, recueillis dans l'un des trente-six secteurs du front de Verdun. Ils y sont entassés au pied et de chaque côté de la tour, dans les caves-sarcophages de deux galeries latérales, qui comportent dix-huit alvéoles également répartis à droite et à gauche.

Ces crânes, ces bras, ces pieds... tous ces os entassés étaient jadis de braves soldats jeunes ou âgés... Et tous ces soldats pensaient à leurs femmes, mères, enfants, pères, amies et amis, qui les attendaient, à l'avenir heureux et au passé doux et joyeux... tous les jours, et ils y ont pensé jusqu'au dernier moment.

Mais ils sont abandonnés. Ceux (environ cent soixante mille), qui ont été recueillis sont enterrés dans un de ces quarante cimetières français, deux cimetières américains ou vingt-neuf cimetières allemands. On dit qu'il y eut deux millions cinq cent mille soldats tués...

Plus de deux millions trois cent quarante mille squelettes attendent encore, entassés dans les alvéoles ou dispersés dans ces milliers d'hectares de champs de bataille, encore incultivables à cause des bombes et explosifs cachés.

Les deux primitifs émus suivent le guide, ancien combattant, à travers des couloirs noirs, humides, glissants, sinistres, des galeries avec des chicanes de pans de murs, des casemates, infirmeries, chambres d'officiers... des forts...

Quelques heures après, ils se trouvent dans la voiture de l'un de leurs fils spirituels, qui habite l'Allemagne depuis deux ans, et qui les transporte. Ils sont conduits par ce jeune étudiant vers Paris, où ils vont rentrer.

— Tu es content d'avoir visité Verdun, ce champ de bataille, et ces couloirs souterrains à plusieurs étages ?

— Oui... moi qui n'ai jamais visité les endroits fameux que fréquentent les touristes, même la tour Eiffel, depuis quarante ans, j'avais gardé le désir de voir Verdun... Et enfin je l'ai vu...

— Et qu'avons-nous vu... ?

— J'ai vu de mes yeux vivants la grandeur et la triste gloire du jugement bas, aveugle, sensoriel, sentimental et intellectuel, qui ne peut ni ne veut voir ces champs d'ossements sur des milliers d'hectares.

C'est la vision du jugement de l'homme. Que c'est triste...

Il y a plus de cent soixante mille tombes de soldats tués pendant quatre ans. Et il y a un ossuaire de plus de deux cent mille citoyens tués en un instant le 6 août 1945, à Hiroshima. Et on continue d'écrire avec le sang la même histoire. On prépare la guerre.

— Plutôt, la guerre continue... depuis toujours... en Tunisie, au Maroc, en Algérie, à Chypre, à Suez, au Kenya...

— Nous avons vu, t'en souviens-tu ?, ce petit monument dans le Hameau de Holzinghaus, Schwarzwald, qui comptait seulement onze maisons...

— Oui, ce monument à la mémoire d'une dizaine de soldats tués, devant lequel tu stationnas longuement... lorsqu'un vieillard s'approcha et nous dit avoir perdu son unique fils à la guerre.

— C'est cela.

— Que c'est désolant de voir notre bas jugement ! Pourquoi n'y en a-t-il pas un seul dont le jugement suprême soit clair ?

— C'est le cas de millions et de millions. L'humanité entière a le jugement voilé. La partie suprême et unique est voilée.

— Quand viendra l'aube du jugement suprême ? N'arrivera-t-elle jamais ?...

— Le soleil de notre jugement suprême brille depuis le commencement sans commencement, pour toujours, mais des nuages et des brouillards empêchent sa lumière.

— Que sont ces nuages et ces brouillards ?

— L'éducation aveugle, professionnelle, sensorielle, sentimentale, intellectuelle, sociale, idéologique, entièrement égocentrique, exclusive de l'Occident ou du modernisme.

— Nous n'avions pas une école, pas une université où l'on enseignait : « Die Wahrheit wird euch frei machen », et c'est à cause de cela que nous n'avions eu aucune guerre.

— Les Indes, la Chine, des milliers d'îles de l'Océan Pacifique ne connaissaient pas la guerre avant l'invasion des « civilisés »...

— On n'a qu'à fermer la porte aux « civilisés » ?

— Non.

— Et pourquoi ?

— Parce que si nous fermons notre porte, ils nous attaqueront par la force. Fermer la porte, c'est un dualisme. Nous devons les recevoir, les accueillir tout comme s'ils étaient envoyés par le jugement suprême. C'est notre principe, c'est le principe de tous les Extrême-Orientaux. C'est pourquoi ceux-ci ont si bien accueilli les Blancs comme leurs supérieurs, ou maîtres, ou bienfaiteurs ou malfaiteurs, en mettant tout à leur disposition, jusqu'à ce que les Blancs audacieux, cruels, ingrats, avares et daltoniens vis-à-vis de la mentalité « primitive », prennent possession de toutes les ressources, assimilant les Primitifs avec les ignorants, exploitant les peuples travailleurs comme esclaves. Les Blancs établissaient aisément leurs lois basées sur la force cruelle, puisque les « primitifs » sont si obéissants aux lois ; ils ne connaissent que la loi Unique par essence, que le « tabou » inviolable, et ils n'ont jamais répondu à la force par la force. Ils se consolaient en disant : « Attendons cent ans, le jour viendra où la Rivière Jaune deviendra bleue. On ne sait pas la loi. » Et ces envahisseurs déclarèrent les pays des « primitifs » leurs « colonies », l'un après l'autre, puisqu'ils les avaient découverts les premiers. Les Blancs sont tellement égocentriques qu'ils assimilent la découverte à l'acquisition. Les Blancs considéraient les primitifs généreux comme des animaux ou des végétaux, comme des êtres inférieurs, sans jamais essayer de comprendre ou d'étudier leur conception du monde ni leur culture. Pourtant, ils avaient accepté une des religions des primitifs, il y a environ 2.000 ans, et l'avaient conservée, comme l'enseignement le plus haut et unique en ce monde, jusqu'à présent.

Tout récemment, ils ont, pour la première fois, établi leur propre religion : la Science. C'est une révolte brave et audacieuse contre Dieu déformé et démodé. C'est la colonisation du Royaume des Cieux. Ils croyaient et croient encore qu'ils ont « accablé » « Dieu » et accaparé tout son pouvoir, sans savoir que Dieu n'est autre chose que leur propre jugement suprême. C'est un grand progrès de la race blanche. Ils sont sortis de la deuxième et de la troisième étape du jugement et ont gagné la quatrième étape : le jugement intellectuel. Mais il leur faut passer encore deux étapes : l'économie-morale et l'idéologie, pour aboutir à la fin au jugement suprême. Il leur faudra encore des siècles et des siècles, ou plutôt des milliers d'années, s'ils ne changent pas leur orientation à travers une nouvelle éducation biologique, physiologique et logique, d'après le Principe Unique, cette dialectique pratique. Autrement, les Primitifs reprendront ce Principe Unique qu'ils ont perdu, et qui les rendit si généreux vis-à-vis des cruels étrangers, envahisseurs et malfaiteurs.

— Lesquels, des primitifs ou des civilisés, reprendront les premiers le Principe Unique ?

— Cela nous est tout à fait égal. D'ailleurs, dans une course, tous les concurrents ne doivent pas être handicapés.

— Les « civilisés » sont-ils un peu handicapés ?

— Pas du tout, ils sont absolument au niveau des « primitifs » qui sont complètement déracinés de leur tradition plusieurs fois millénaire. Physiologiquement parlant, les « primitifs » sont beaucoup plus handicapés que les « civilisés », à cause de la civilisation importée ; mais psychologiquement parlant, c'est le contraire.

— Alors, les « primitifs » auront-ils la victoire ?

— Ce sera le contraire... Peut-être...

— Pourquoi ?

— Ah, tu as oublié Song-tse ? Ce grand Sage, l'auteur le plus célèbre parmi les sept stratèges.

— Mais...

— Il dit : (*)

   « *Ce qui est souple et solide se développe,*

   « *Ce qui est faible et actif devient célèbre,*

   « *Ce qui est faible et souple sera dépossédé,*

   « *Ce qui est solide et actif succombe sans faute* ».

Lex ex Occidente, lux ex Oriente.

La Guerre

Pourquoi y a-t-il tant de tueries en Occident et dans les pays envahis ou colonisés par les Occidentaux ?

Pourquoi les Occidentaux « civilisés » produisent-ils tant de guerres partout où ils vont ?

Tuer son pareil, c'est un crime très regrettable. Personne ne veut le commettre !

Tout le monde se fait justice après avoir commis un crime sous l'effet d'une émotion violente ou d'un jugement très bas, comme celui du sensoriel, ou du sentimental. Sinon, c'est un malade mental, victime du jugement suprême voilé par une mauvaise éducation !

Mais les crimes des gouvernements ne sont pas punis. Le gouvernement ne se fait pas justice, mais au contraire fait la guerre.

La force ou la violence sont-elles la loi suprême ?

Quel jugement bas ! Quelle barbarie !

(*) Ce qui est Yin (souple) en apparence et Yang (solide) au fond se développe indéfiniment ; faible (Yin) en apparence, mais actif et énergique (Yang) en comportement gagne une réputation ; souple en apparence, faible au fond, perd tout. Ce qui est rigide en apparence et fort en action succombe tôt ou tard, sans exception.

La force, la violence ou l'armée peuvent-elles établir la paix ? « Non », dit l'histoire. Tout le monde le sait. Mais on fait la guerre ! Pourquoi les « civilisés » font-ils la guerre ? Parce qu'ils sont « civilisés » ?

On fait la guerre avec les armes, les instruments meurtriers qui ne sont autre chose que le symbole de la peur. Mais la peur est une des caractéristiques de qui n'a pas la connaissance de la Constitution de l'Univers, la foi.

Le gouvernement commence la guerre, puisqu'il est composé de ceux qui ont confiance dans la force et ignorent la Constitution de l'Univers.

Les peuples mobilisés par de tels gouvernements tuent leurs pareils. Ils sont ignorants aussi de la Constitution de l'Univers.

La peur, la confiance dans la force ou violence, l'ignorance de la Constitution de l'Univers sont dues à l'éducation et à l'inutilité de la religion. Les peuples, ignorants et esclaves, les politiciens qui déclarent la guerre, les savants qui inventent des armes de plus en plus atroces sont tous fabriqués par l'éducation. Il faut donc changer l'éducation si l'on veut établir la paix et la liberté sur la terre. Il n'y a aucun autre moyen pour arrêter la guerre. Ce qu'il nous faut, c'est une nouvelle éducation qui dévoile notre jugement suprême.

Mais le jugement suprême dépend uniquement de la physiologie, comme la supériorité d'un poste de radio dépend de sa construction et de sa matière. Pour dévoiler le jugement suprême de l'homme, on doit établir tout d'abord sa physiologie. Il faut refaire l'homme depuis le commencement ! La nouvelle éducation doit donc être biologique, physiologique et logique.

Toute la philosophie d'Extrême-Orient a bien montré les principes d'une telle éducation. Mais une fois tombée dans la main de professionnels dits « éducateurs » ou « religieux », cette éducation est transformée et déformée et devient une industrie qui produit en masse des esclaves ignorants.

Mais pourquoi n'y a-t-il pas un seul « civilisé » qui comprenne la supériorité et l'importance de la Constitution de l'Univers selon l'Extrême-Orient ?

Pourquoi ?

Pourquoi ?

Pourquoi ?

Ceux qui ont tué 313.814 femmes, enfants, bébés, citoyens travailleurs non armés à Hiroshima et à Nagasaki, n'ont-ils pas de jugement autocritique ? C'est impossible !

Je cherche celui qui me donnera une réponse satisfaisante...

CHAPITRE V

CÔTE D'AZUR

— Qui sont Monsieur H. et sa femme ?

— Ils nous sont envoyés du ciel.

— Nous n'avons jamais rencontré un couple pareil en Europe !

— Certainement pas.

— Pourquoi sont-ils si gentils, si courageux, si compréhensifs et surtout si hospitaliers pour nous, les deux pauvres Primitifs complètement étrangers ?

— Ils sont tout à fait Erewhoniens, « primitifs ».

— Nous nous sentons parfaitement « at home » auprès de Monsieur et Madame H. Pourquoi ?

— Il n'y a pas de « pourquoi ». Ils nous ont énormément encouragés. Tous ces malades égocentriques, capricieux, ingrats, avares et mous comme du coton, trop ignorants et trop matérialistes, nous avaient désespérés.

— Si nous n'avions pas rencontré Monsieur H. et sa femme, nous aurions dû payer au moins plusieurs centaines de milliers de francs pendant les vacances, tant pour le transport que pour l'hôtel ou les restaurants. Quatre mille kilomètres en quarante jours. Une telle dépense est une impossibilité pour nous autres. Mais notre voyage de vacances a été une réalité.

— Un miracle !

— Que devons-nous faire pour Monsieur H. et sa femme ?

— Nous leur offrirons un grand cadeau, le plus grand prix d'honneur erewhonien, n'est-ce pas ?

— D'accord.

— Et une petite fille et un garçonnet erewhoniens, que Monsieur et Madame H. sont très désireux d'élever comme si c'étaient leurs vrais enfants.

— Mais où les trouverons-nous ?

— C'est notre petit-fils et notre petite-fille ! Leur mère Sophie et leur père Alexis m'avaient chargé de trouver de bonnes familles françaises qui adopteraient leurs enfants, puisqu'ils en ont trop, une douzaine... moitié-moitié.

— Ah, c'est vrai !

— Ils seront très heureux, extrêmement heureux...

C'était dans un hôtel que Monsieur Jack et Madame Mitie parlaient ainsi à propos de Monsieur H. et de sa femme, chose qui leur arrivait très souvent.

Leur première rencontre fut un pur hasard. Les deux étrangers arrivèrent pour la première fois un jour de juillet à la gare de Bollène (Vaucluse). Leur ami, le Dr Parodi, les attendait là avec Monsieur H., propriétaire d'un beau camping-car. C'est dans ce camping-car que nos deux primitifs furent transportés jusqu'à la communauté du Maître Lanza del Vasto pour y passer quelques jours. Durant le parcours, M. Jack causa quelques minutes avec Monsieur H. A l'arrivée ils furent séparés : car Monsieur H., qui faisait partie du groupe du Maître Lanza del Vasto, était logé dans une ferme, à cinq cents mètres de la communauté.

Au bout de cinq jours, les deux primitifs quittèrent la communauté. Pour la deuxième fois, le camping-car de Monsieur H. les conduisit jusqu'à la gare.

— Où allez-vous aujourd'hui ? dit Monsieur H.

— Nous allons à Lioux.

— Lioux ? Où se trouve Lioux ?

— Je ne sais pas, c'est près d'Avignon, je crois.

— Bon, je vous transporte jusqu'à Avignon, puisque nous allons vers Vence, près de Nice. Vous n'avez pas besoin d'attendre le train à la gare...

C'est ainsi que cela commença.

Dans la voiture, il y avait Mlle S.T. et quelques amis.

A Avignon, le primitif apprend à sa grande stupéfaction que Lioux se trouve dans la montagne, à 50 kilomètres à l'est, et que ni train, ni autobus ne le desservait. Les primitifs abandonnent leur plan. S'ils avaient été dans leur petite île, ils auraient été très heureux de partir pieds nus tout de suite. Malheureusement, leurs pieds sont emprisonnés dans des boîtes de cuir très rigides et ils ne peuvent courir comme ils veulent.

— Je vous accompagne jusqu'à Lioux avec ma voiture.

De nouveau stupéfait, Monsieur Jack regarde Monsieur H.

— Allons, partons. Si vous prenez un taxi, cela vous coûtera 10.000 francs. Je vous accompagne, montez, montez.

Les deux étrangers sont transportés un peu malgré eux. A Lioux, ils trouvèrent Monsieur G. et sa femme avec lesquels le primitif était en contact par correspondance depuis cinq ans.

Pour remercier Monsieur H., le primitif commence une causerie sur la médecine erewhonienne miraculeuse et plusieurs fois millénaire, qu'il pratique depuis plus de quarante ans. Madame H., Mademoiselle Simone, qui se trouvaient dans la voiture depuis Bollène et son amie Mademoiselle Lucas, Monsieur G. et sa femme, Monsieur P., etc. sont joyeux. Pour la première fois, sur la terrasse du « Clos Fleuri », l'hôtel de Monsieur G., commence le cours extraordinaire du Principe Unique de toute la Philosophie et de toute la science Erewhonienne.

Les jours suivants, cet enseignement du Principe Unique représentait une trentaine d'heures du matin au soir. La nuit, Monsieur et Madame H. couchaient dans leur roulotte et leurs amis à l'hôtel. Tous s'enthousiasmèrent et suivirent le cours jusqu'à la fin. Pendant ce temps, Madame Mitie préparait leur repas macrobiotique et même le dessert.

Le cours terminé, on part. Monsieur et Madame H. sont très heureux d'emmener les deux Erewhoniens en direction de leur propriété de Vence à travers des champs de lavande.

La roulotte de Monsieur H. continua son voyage pendant une quarantaine de jours, par Vence, Nice, Monte-Carlo, Menton, Marseille, Martigue, Arles, Sète, Perpignan, les Pyrénées, le Mur de Barrez, le Mont Dore, Vichy, etc. Tous les frais d'hôtel, achat de souvenirs, etc., furent payés par Monsieur H.

— Je suis votre chauffeur, cette voiture est à vous. Vous êtes mon maître, je vous conduis partout où vous voudrez aller... disait Monsieur H.

Ce grand voyage, tout à fait inattendu pour les deux étrangers, fut le premier circuit touristique de leur vie. Ils virent et apprirent beaucoup de choses et apprécièrent surtout nombre de plats régionaux de France. Puisque la médecine erewhonienne est diététique et macrobiotique, ils étaient curieux de savoir ce qu'on mangeait à l'étranger, et surtout ce que l'on mangeait jadis.

Monsieur H. et sa femme apprirent aussi beaucoup de choses de ces Erewhoniens pendant ces quarante jours. A la fin, ils décidèrent d'abandonner leur maison de régime, qu'ils avaient fondée quelques années auparavant. Ils avaient été sauvés par le végétarisme-fruitarien et avaient tout abandonné pour ouvrir cette maison de régime et rendre à chacun la santé. C'étaient d'honnêtes gens. Mais leur bonheur ne dura pas. De nouvelles maladies les frappèrent. Ils avaient d'ailleurs découvert que la santé physiologique n'est pas tout.

Ils accomplissaient le long pèlerinage de la vérité (la liberté infinie, le bonheur éternel, la justice absolue), quand ils rencontrèrent ces deux étrangers. Ils apprirent des choses absolument nouvelles. Ils les expérimentèrent. Ils devinrent de plus en plus heureux. De jour en jour, ils rajeunissaient. Ils se sentirent de moins en moins fatigués. Leurs cheveux ne tombèrent plus. Monsieur H. perdit son ventre proéminent, ses cheveux blancs disparurent. Madame H. retrouva sa beauté... En quarante jours, ils rajeunirent de plus de dix ans. Ils eurent conscience de la joie de vivre, cette énergie qui sourd des profondeurs de la constitution. Et surtout ils découvrirent d'autres horizons lumineux, un nouveau but de vie, la joie éternelle toute proche...

C'est pourquoi ils décidèrent d'abandonner leur maison de régime assez prospère, le chiffre d'affaires mensuel atteignant un million. Ils cessèrent de distribuer les produits « végétariens-fruitariens » et décidèrent de fonder une maison qui serait une école de santé destinée à élever les enfants abandonnés, afin d'en faire, par l'éducation physiologique, biologique et logique apprise des deux Erewhoniens, des adultes munis du Principe Unique. Ils sont décidés à tout consacrer à cette nouvelle maison.

Monsieur H. et sa femme sont d'excellentes gens. Ils recherchent la vérité, et une fois celle-ci trouvée, ils s'y consacrent entièrement pour la pratiquer quotidiennement. Voilà la véritable joie de vivre. Cela vaut la peine de vivre ainsi. Sur cette planète, le bonheur ne réside pas dans le fait d'amasser de l'argent, des objets ou des conceptions inutiles et nuisibles, mais d'y établir une vie heureuse, libre et intéressante.

C'est absolument par hasard que les deux étrangers, venus d'une petite île perdue de l'Océan Pacifique, trouvèrent un couple si sympathique parmi 40 millions de Français. Cela tient du miracle.

Monsieur Jack et Madame Mitie se demandent :

— Pourquoi ne pouvons-nous pas trouver des milliers et des milliers de gens comme ce couple ?

— Pourtant, nous en avons tant rencontré auxquels nous avons expliqué notre Principe Unique. Beaucoup sont guéris et beaucoup d'intellectuels ont dit : « Merci mille fois ». Mais ils n'étudient pas la philosophie fondamentale. En particulier, un groupe de médecins, auxquels nous avons donné les explications les plus détaillées à plusieurs reprises, pendant plus d'une cinquantaine d'heures.

Tous étaient très enthousiasmés au cours de leurs études. Et pourtant, celles-ci terminées, ils ne donnèrent plus signe de vie. Existent-ils toujours ? Ont-ils honte d'avoir été guéris de leurs maladies ?

Ce qui nous contrarie, ce n'est pas le fait qu'ils n'ont même pas

payé nos frais de communication. Mais s'ils ne sont pas reconnais-
sants, s'ils n'expriment pas leur joie en enseignant notre méthode
à leurs clients, nous avons failli complètement dans notre explication du Principe Unique. Quelle faute avons-nous commise ?

— Aucune.

— Mais s'ils ne sont pas décidés à prendre une nouvelle orientation de vie, comme Monsieur H. et sa femme, il est évident que
nous avons failli. Nous devons y réfléchir. Il ne faut pas gagner
de l'argent en guérissant des malades, sinon c'est une profession.
Nous autres Erewhoniens, hommes libres, enfants de la grande
nature, princes ou princesses héritiers du trésor le plus grand, le
Principe Unique (la clef de la liberté infinie, du bonheur éternel
et de la justice absolue) ne devons pas abandonner ces qualités en
gagnant de l'argent. Au contraire, nous devons distribuer ce trésor infini aux malheureux. Si le médecin gagne une fortune, c'est
qu'il pratique une profession beaucoup plus triste qu'une prosti-
tution, beaucoup plus malhonnête. Si l'on gagne une fortune, soit
comme professeur, soit comme avocat, on est un grand parasite
des ignorants ou des criminels. Les médecins qui pratiquent leur
art, tout en restant impuissants à guérir leurs propres maladies ou
celles de leur famille, sont des criminels « légalisés ». Ils seront bien
plus malheureux que les gangsters les plus cruels du monde entier.
Tôt ou tard, ils seront sûrement punis.

— Mais il y a un docteur, comme le Docteur C., qui consacre
deux jours par semaine à des malades « économiquement faibles »
en les visitant et en payant les frais de déplacement de sa poche...

— Ah, le Docteur C. est « erewhonien ». Oui, il m'avait rencontré il y a environ trente ans, lorsqu'il était encore étudiant, et
il avait acheté à cette époque-là, mon premier livre en français, qu'il
n'avait pas bien compris. Il était trop jeune alors, et il devait étudier cette « médecine officielle » qui est une force. Il y était obligé.
Mais après avoir pratiqué cette « médecine officielle et classique »
plus de dix ans, il a été tout à fait perdu. Il a relu mon livre. Il
a décidé d'aller en Erewhon pour me consulter.

Et voilà une apparition inattendue...

— Mis à part le Dr C., où est-il celui qui cherche la vérité ?

— C'est très naturel. On enseigne et on étudie : « Wahrheit wird euch frei machen », « économiquement », c'est-à-dire « Freiheit » fausse monnaie à l'université.

— Mais qui enseigne le Christianisme ? On déteste le Christianisme. Le Christianisme est-il déchristianisé ?

— Oui, on l'a complètement déchristianisé. « Il ne faut pas tuer » est violé constamment. On tue tous les jours. Lis les journaux : le mari tue l'ami de sa femme, le fils tue son père, le frère tue sa sœur, etc., le fort tue le faible, le capitaliste tue l'économiquement faible en l'exploitant, et le travailleur ne travaille plus ; c'est toujours la force qui domine... « Ne point résister aux mauvais traitements : mais si quelqu'un vous a frappé sur la joue droite, présentez-lui l'autre », est doublement renversé. On frappe, et on frappe jusqu'à la mort celui qui vous a frôlé un tout petit peu. On attaque et on tue, non pas ceux qui n'ont pas frappé, mais qui, tout simplement, n'ont pas accepté d'acheter le poison funeste qu'on leur offrait : l'opium (tu te rappelles ces atroces guerres de l'opium) ; ceux qui ont refusé la médecine occidentale (qui a tué environ soixante-dix mille médecins légitimes et traditionnels du Japon) ; ceux qui se sont portés à faux contre un nouveau régime social occidental, et les instruments meurtriers les plus lâches, les plus immoraux, tels que l'institution policière, l'armée, aveugles instruments de criminel esclavage, fusils, pistolets, canons. Tu sais que les véritables Samouraïs n'avaient accepté le tir à l'arc que comme instrument de méditation et de détachement philosophique, et le sabre que pour se faire justice ou par loyauté envers l'ancien régime royal. Ils abandonnèrent leur position sociale traditionnelle pour devenir des cultivateurs silencieux, honnêtes, pour finir leur vie sans protestation, c'est-à-dire en présentant l'autre joue. Et quelques jeunes enfants de Samouraïs eurent l'honneur de se faire Hara-kiri devant le consul de France qui ne put supporter de rester jusqu'à la fin. Le premier ministre Samouraï se fit tuer, sans même utiliser son sabre, par d'autres Samouraïs, trop braves et trop fidèles à l'ancien régime, et qu'il essayait de calmer.

La Réforme japonaise du Meiji correspond précisément à cette tragédie de « tendre l'autre joue » à la « civilisation » étrangère qui baptisait « mentalité primitive » la mentalité, née du Principe Unique, il y a des millénaires, dès l'arrivée aux îles Yamato des descendants de la noble race navigatrice des « Samouraïs », originaire des Indes, berceau de la philosophie Vedanta.

C'est ainsi que la « Civilisation occidentale » a complètement métamorphosé cette « mentalité primitive » pacifiste, raffinée, emplie de culture humaine, comprenant tout, capable d'obéissance inconditionnée et d'autocritique. La « Civilisation » occidentale y a transplanté sa « mentalité » cruelle, égocentrique, extrêmement exclusive, toujours en tout satisfaite, imbue de l'idée que le plus fort impose la loi, avide d'argent et d'or, malade mentalement de l'esprit critique, recherchant son confort, utilisant au maximum les engins meurtriers. C'est là l'origine d'une nouvelle race colorée, imitatrice des « civilisés », guerrière, révoltée, avare.

Non seulement on frappe et on tue ceux qui n'ont pas attaqué (ces 313.814 enfants, femmes, malades et civils pacifistes et obéissants tués en un instant à Hiroshima et à Nagasaki), mais aussi ceux qui enseignent ou pratiquent : « Présentez-lui l'autre joue ». La « christianisation » des Bouddhistes, Hindouistes, Jaïnistes, Musulmans, est en réalité une colonisation mentale. On impose la « démocratisation » ou la « pacification » aux peuples colorés, qui sont de véritables démocrates pacifistes depuis des millénaires. Enfin on « déchristianise » totalement le Christianisme, en transformant tous les prêtres et religieux en esclaves du capitalisme industriel et scientifique.

Les Chrétiens « civilisés » pratiquent aujourd'hui non seulement « œil pour œil dent pour dent », mais « dent pour œil bombes pour dent », « bombe atomique pour les meilleurs élèves de la civilisation occidentale », ou plutôt « violence pour obéissance », « massacre pour justice », dans tous les pays colonisés.

La « civilisation », c'est le beau nom d'une société où règne le plus fort. Le plus fort est la loi suprême. « L'économique », c'est le roi de ce monde des « civilisés ». Ceux qui sont faibles, dans ce monde, sont obligés de vendre leur corps en échange d'une somme dite « salaire ». Ils n'ont aucune échappatoire. Ce sont des prostitués dits « salariés ». Parmi les riches, parmi ceux qui « possèdent », existe également une lutte acharnée et permanente pour acquérir encore plus de richesses.

Voilà pourquoi l'Occident est si bouleversé à tous les niveaux. Nul n'y connaît de bonheur, même instable. La joie y est éphémère, la santé chancelante, la loi fréquemment transgressée. Aucun gouvernement ne gouverne. Aucune loi n'a pu s'imposer pour établir une société où le peuple puisse jouir de la liberté infinie et de la justice absolue...

— En réalité, c'est donc une société de hors-la-loi ?

— Oui, c'est incroyable.

— Maintenant je comprends pourquoi on ne te récompense aucunement, bien que tu aies réalisé la guérison totale d'un malade réputé « incurable » depuis trente ans, abandonné de la médecine officielle, et condamné par elle à une mort immédiate.

— Quelques-uns, quoique peu nombreux, me demandent : « Combien vous dois-je ? ». Ils sont aimables.

— Après t'avoir consulté si longuement, et posé à plusieurs reprises tant de questions ridicules, pour sauver leur propre vie en gaspillant la tienne...

— Ils disent pourtant « merci », quelquefois « merci infiniment ». C'est gentil n'est-ce pas ?

— « Merci » ou « merci infiniment », qu'est-ce que cela signifie réellement ?

— C'est le propre de cette « Économie », antipode de la nôtre.

— Mais pour que certains donnent, il faut bien que certains prennent ou acceptent ?

— Oui, notre « iéco-nomie », c'est de donner encore et toujours tout ce que nous possédons, y compris le plus précieux, le plus nécessaire, notre vie. La politique des « civilisés », c'est de prendre, d'accaparer, d'exploiter, et en retour, de donner le moins possible ou le plus nuisible, surtout l'alcool, ce qui flatte les plaisirs des sens, des miettes. N'est-ce pas ?

— A peu près... Mais leur « merci » ne correspond pas à notre mot de remerciement ?

— Non. Au contraire, le mot « merci » signifie « merces » ou « Dieu vous donnera quelque chose de bien ».

— Ils sont si « matérialistes » ?

— Non, ils ne savent pas ce qu'est la véritable reconnaissance. Ils ont été tourmentés si longtemps, économiquement et politiquement, qu'ils ont oublié le sens exact du mot reconnaissance.

— Alors leur mot « merci » aurait un sens plus profond que celui que nous imaginons ?

— Peut-être. Nous disons trop souvent « merci » dans notre vie quotidienne. Nous disons « merci », même quand on nous a envahis, quand on s'est emparé de notre petite île, et frappés sur la joue...

Il existe sept classes sociales, même chez nous. La première représente ceux qui ne comprennent rien.

La deuxième, ceux qui ont connu une vie assez difficile et sont arrivés à la connaissance de la joie sensorielle.

La troisième, ceux qui ont traversé des années pénibles et sont arrivés à la connaissance du bonheur sentimental.

La quatrième, ceux qui ont connu des années de lutte très difficile et sont entrés dans une vie intellectuellement tranquille.

La cinquième, ceux qui sont tout à fait désintéressés et qui ont tout donné.

La sixième, ceux qui vivent une vie calme et heureuse.

Enfin, la septième est celle des êtres qui donnent tout, même leur vie, transcendantalement, sans aucune arrière-pensée. Dans cette classe, on donne, à tous, ce qui est le plus nécessaire, le plus précieux en ce monde. Elle seule a le bonheur éternel, la liberté infinie, la justice absolue.

— A quelle classe appartiennent les « civilisés » ?

— A la première, et leur minorité à la deuxième ou à la troisième.

— Comment peut-on les faire accéder à la septième ?

— Par notre médecine macrobiotique, diététique et logique, éducative autant que curative. Il n'y a aucun autre moyen.

— Alors, nous avons failli. Nous avons guéri un certain nombre de malades, mais inutilement, puisque aucun n'est à la septième classe, n'est-ce pas ?

— Sauf Monsieur H. et sa femme.

— Mais ce n'est pas grâce à nous qu'ils sont entrés dans la septième.

— C'est vrai... Alors nous devons continuer notre action ?

— C'est bizarre...

— Le plus surprenant fut nos rencontres avec Monsieur et Madame H., avec ce peintre indochinois et sa jolie femme et avec ce breton marié à une indochinoise... tous à Vence... et notre séjour sur la Côte d'Azur, toujours grâce à nos amis H. Nous y avons passé plus de deux semaines, dans le paradis des billionnaires cherchant la vie, la santé, la base de tout bonheur à tout prix et en vain. Ah, Côte d'Azur !...

— Mais pourquoi avons-nous été si heureux sur la Côte d'Azur ?

— Parce que son climat est semblable à celui de notre petite île d'Erewhon.

— Oui, mais c'est bien désolant, ces billionnaires cherchant les grands secrets de la vie, et dépensant leur fortune en vain...

— Et bien désolant aussi, ces deux Erewhoniens qui ne peuvent distribuer les grands secrets de la vie, de la liberté, de la paix, de la justice absolue, malgré leur si ardent désir.

— C'est étrange, la Côte d'Azur ! Est-ce donc un marché de misérables ?

CHAPITRE VI

TROIS GANGSTERS ET UN MÉDECIN

Les deux Erewhoniens aiment beaucoup aller au cinéma, surtout pour y voir des films américains. Pourquoi ? Parce que l'on peut y assister à des scènes réalistes de la vie quotidienne des « civilisés ». Celles-ci dépassant souvent l'imagination.

En voici un exemple.

Scène : L'intérieur d'une chambre de l'hôtel X, très moderne, dans une ville internationale d'actualité.

Personnages : A. (le chef gangster)

                B. et C. (gangsters)

                D. (docteur)

                E. (amie du chef)

Le docteur, D., est appelé pour soigner B., blessé au bras.

Pendant que le docteur soigne B., le chef, A., se plaint de mal de tête. Le docteur lui donne trois comprimés, tirés de sa serviette.

Le pansement terminé, le Docteur met tous ses instruments dans sa serviette. Ensuite il la ferme et son regard se porte sur un grand « Boston-bag » (grande serviette) entr'ouverte sur la table à côté et remplie de billets.

— Tu as mal à la tête aussi, Doc, dit le chef.

— Non, mais ce « boston » est à moi n'est-ce pas ?

— Tu es fou, Doc, tu ne vois pas ces revolvers qui te visent ?

— Oui, c'est vrai, je les vois. Mais tu ne vois pas que tu es tombé entre mes mains. Tu vas mourir dans deux heures puisque tu as avalé ces trois comprimés mortels. Tu dois aller tout de suite à l'hôpital pour y être soigné... Tu es déjà paralysé... voilà. Dépêche-toi. Vite, vous devez emmener votre chef puisqu'il ne peut plus marcher. Si vous ne voulez pas, voilà mon revolver.

Les deux gangsters transportent leur chef à moitié paralysé. La maîtresse courtise le docteur. Ils partent avec le grand « boston ».

Un gros avion transcontinental est là. Le docteur et la maîtresse du gangster s'y embarquent. L'avion part.

C'est le début du film.

Après une heure et demie, les deux Erewhoniens sont assis dans un café. Ils ont conmmandé une tasse de thé, et une autre de lait. Celle-ci est pour Monsieur Jack. Il boit du lait ces jours-ci. Madame Mitie proteste, mais il persiste en disant :

— Je dois devenir un bébé afin de mieux comprendre cette « mentalité » dualiste, simple et myope des « civilisés ».

Mais que penses-tu de ce film américain ?

— Très amusant ! Mais quel pays de gangsters ! C'est terrible d'habiter un tel endroit. Un médecin gangster, est-ce possible ?

— Mais oui, nous sommes en Occident, le plus fort fait la loi. Il faut posséder, accaparer, exploiter à tout prix, n'importe quoi, n'importe qui. Celui qui possède la plus grande fortune est le plus grand bienfaiteur.

— C'est une plaisanterie ?

— Te souviens-tu de ce directeur de la compagnie pharmaceutique, de son grand château et de sa voiture de luxe ? Toute sa fortune n'est qu'un bénéfice illicite obtenu en vendant ses produits chimiques qui ne guérissent aucune maladie, même pas sa propre polio. C'est une escroquerie internationale universelle. C'est un crime intellectuel, scientifique, légalisé. C'est permis ici, en Occident, au contraire de notre pays où le plus riche est considéré comme le plus pitoyable, puisqu'on vient au monde nu et pauvre, et qu'on doit vivre, comme des animaux, une vie libre, indépendante, heureuse, infiniment et absolument.

— Mais tous ne sont pas de véritables malfaiteurs ? Les docteurs, les pharmaciens...

— Bien sûr, mais ils ne sont pas heureux du tout... Ceux qui ne sont pas heureux sont des « hors la loi », hors notre loi, hors notre Principe, selon Epictète.

— Pourtant, il y a beaucoup de gens heureux, ici en Europe, habitant un grand appartement de luxe, avec ces beaux salons, salle à manger, salle de bains, cuisine électrique, possédant une belle voiture et des diamants...

— Ils sont tous mécontents, ils ont peur et ont des soucis. Tu vois ces guerres, en Hongrie, en Pologne, au Maroc, en Tunisie, en Algérie, au Kenya, à Suez, entre les deux Chines, à Goa, en Jordanie. La lutte entre ceux qui n'ont pas et ceux qui ont est acharnée partout. En somme la guerre est universelle, c'est la guerre mondiale numéro trois. Elle est plus grande que la première guerre mondiale, soit aux frontières, soit au point de vue du nombre de combattants, soit financièrement. Bientôt viendront la pluie et l'orage de feu et de fer, le tonnerre des bombes atomiques et des fusées... bientôt... la neige et la pluie radioactives.

— Bientôt ?

— C'est déjà commencé. Tous ignorent comment empêcher cette guerre mondiale permanente commencée par les « civilisés » il y a un siècle ou deux, et tous ceux qui ne s'efforcent pas de l'éteindre sont responsables ou complices de la tuerie de l'humanité ; y compris les Japonais, les Chinois, les Hindous, les gangsters et les engagés dans la poursuite du bonheur éphémère. Ainsi que tous ceux qui se prétendent commentateurs, prêcheurs de religions qui, toutes, se sont avérées inutiles pour empêcher les conflits internationaux séculaires.

— Tous les malades sont-ils aussi complices de la guerre mondiale ?

— Naturellement.

— Alors, ces docteurs qui les traitent sans savoir d'où vient la maladie, ni ce qu'est la médecine suprême (qui non seulement guérit la maladie actuelle et future, mais aussi tout malheur, toute difficulté par avance) et appliquent seulement la médecine symptomatique, en demandant mille à cinq mille francs par consultation, sont-ils doublement criminels ?

— Non, ils ne sont pas du tout criminels, ils sont plutôt bienfaiteurs.

— Pourquoi ?

— Parce qu'ils appauvrissent les malades et les obligent à abandonner enfin la médecine en leur apprenant combien l'homme est misérable. Plus ces docteurs gagnent, plus ils sont bienfaiteurs. Ce docteur-gangster est splendide : en réalité, il a donné quelques comprimés d'aspirine, et il a accaparé un million de dollars, (365.000.000 F) obligeant les gangsters à réfléchir un peu et à ne pas dépenser cette somme énorme en buvant de l'alcool ou en prenant un plaisir quelconque... Il est bien plus bienfaiteur que ces docteurs ordinaires qui exploitent des « faibles ».

— C'est une logique qu'on n'acceptera pas ici.

— Mais les malades sont doublement coupables : 1° ils ont violé la loi de la nature ; 2° ils créent des docteurs-gangsters.

— Les malades sont-ils responsables des docteurs ?

— Oui. S'ils n'étaient pas malades, les médecins ne pourraient ni les tromper, ni les escroquer...

— Alors, nous avons fait des « civilisés » colonisateurs-exploiteurs ?

— Exactement.

— Oh !

CHAPITRE VII

ROMAIN ROLLAND ET ANATOLE FRANCE

— Toute la jeunesse erewhonienne aime Romain Rolland et Anatole France...

— Et Voltaire. Et Pierre Louÿs aussi.

— Pourquoi ?

— Parce qu'ils sont très intéressants.

— Pourquoi sont-ils si intéressants ? C'est parce qu'ils ont une mentalité sympathique ; ils ont une nette perception de la liberté infinie, du bonheur éternel et infini. Pour les Erewhoniens âgés de plus de soixante ans, nés avant l'apport de la civilisation occidentale, cette mentalité est l'atmosphère où ils vivent encore. Pour la jeunesse étrangère, elle est sympathique.

C'est pourquoi Sri Aurobindo, élevé comme un « gentleman » et entièrement européanisé, s'est transformé en un saint hindou après son retour en Inde. De même Gandhi. C'est aussi pourquoi Romain Rolland fut complètement converti par Vivekananda, ensuite par Ramakrishna, et enfin par Gandhi. Vivekananda était un jeune messager de la « mentalité primitive », dite Védanta, la jeunesse éternelle, la philosophie macrobiotique.

Il y a beaucoup de jeunes gens comme Vivekananda en Extrême-Orient. Mais ils sont plus ou moins occidentalisés, et par conséquent, ils sont victimes de la « civilisation » moderne, comme Vivekananda qui, devenu la proie de la « civilisation » sensorielle, ne dépassa pas l'âge de trente-neuf ans.

Romain Rolland regrettait de n'avoir pas connu le « Védanta » dans sa jeunesse, au lieu de l'avoir rencontré à la fin de sa vie, car il ne serait pas devenu un romancier mais, comme Hegel ou Schopenhauer, un poète et un philosophe.

Les films japonais, tels « Rashomon », « Porte de l'Enfer », etc. sont assez admirés en Occident. Mais ce sont des œuvres de troisième ordre au Japon : romans pour la masse du bas jugement, romans de « quatre sous », ou « histoires pitoyables ». La littérature la plus élevée d'Extrême-Orient est « *Haïku* » (poème en dix-sept syllabes) ; ensuite le « *Tanka* » (poème en trente et une syllabes). Nous en reparlerons plus loin, au chapitre de la langue. La peinture japonaise traditionnelle de même (ex. : Sessue). La peinture et la littérature japonaises aiment le silence et détestent le bruit, parce qu'elles veulent reproduire la réalité, la nature et la vie infinie, qui ne sont pas du tout bavardes. Elles sont tranquilles, silencieuses, mais changent sans cesse, éternellement. Voilà l'expression de la Constitution de l'Univers. Ce que doivent reproduire les œuvres d'art, c'est la Constitution de l'Univers, autrement dit : « D'où vient la vie ? Où va-t-elle ? Quel est son but ? ».

L'Occident a applaudi et admiré le Japon quand celui-ci imita, dans la guerre russo-japonaise, les meurtrières méthodes occidentales. Les Goncourt, et après eux, tous les Occidentaux, furent stupéfaits en regardant pour la première fois les estampes japonaises. Mais il n'y a, pour ainsi dire, aucun admirateur de la haute littérature et de la haute peinture japonaises.

Le Christianisme fut complètement déchristianisé, d'abord par les Grecs, ensuite par les Romains qui aimaient les lois et la force légalisées, l'arène, le banquet, le bain et le vomitorium, et qui furent le plus grand peuple du jugement de la deuxième étape : sensorielle. Et le Christianisme, me semble-t-il, est déchristianisé triplement par les Extrême-Occidentaux dits Européens. Une religion d'Extrême-Orient est devenue mystique, occultiste, spirituelle, à travers vingt

JACK ET MADAME MITIE EN OCCIDENT

siècles d'Occident. Le Christianisme d'aujourd'hui est la momie d'une des religions extrême-orientales. Il est enterré dans une gigantesque pyramide dite « église », avec beaucoup de cérémonies compliquées. En réalité, la religion n'est pas autre chose que le compas dialectique le plus pratique dans la vie quotidienne d'Extrême-Orient. On peut, ou plutôt on doit, l'employer même dans la cuisine.

Le Christianisme d'aujourd'hui apparaît à nos yeux comme un occultisme typique, sacré ou incompréhensible.

Un Matgioi, un Guénon ou un Rudolf Steiner s'efforcèrent d'être des interprètes entre l'Est et l'Ouest. Mais ceux qui leur ont succédé manquent de haut jugement.

Que vienne un jeune Romain Rolland !

L'ésotérisme, l'occultisme ou le mysticisme sont une cristallisation ou une déification de l'ignorance. La science moderne est un ésotérisme en formation pour l'ignorance de ceux qui n'ont que le jugement bas.

— Mais, mon cher maître, tu es trop Yin aujourd'hui. Tu parles d'une chose compliquée. Tu es un peu schizophrène ; tu as peut-être mangé du raisin hier, chez Madame W., n'est-ce pas ?

— C'est vrai, je suis très pessimiste aujourd'hui.

— Tu as oublié peut-être la quatrième loi de l'Ordre de l'Univers...

— Pourquoi ?

— « Plus grande et plus large la face, plus grand et plus large le dos ».

— Et alors ?

— Plus grand avantage, plus grand inconvénient. Plus on est savant, plus on est ignorant. L'ignorance n'est pas autre chose que l'inverse de la clairvoyance.

— Oui, c'est cela.

— Alors, le bas jugement est l'inverse du haut jugement. Plus grand le bas jugement, plus grand le haut jugement. On n'a qu'à renverser.

— Mais qu'est-ce que tu veux dire ?

— Ne t'inquiète pas tant. Si la majorité des « civilisés » est du plus bas jugement, ici, en Occident, la minorité est du plus haut jugement. Attendons avec grand plaisir le jour où nous rencontrerons la minorité de la minorité. Elle doit être magnifique.

— C'est très vrai. Nous n'avons pas du tout à nous inquiéter. Même un Kant, même un John Locke ont été compris. Pourquoi pas un jeune Romain Rolland ?

— Bien. Nous allons chercher un jeune Romain Rolland. Les soucis d'aujourd'hui suffisent pour aujourd'hui.

— C'est le moindre de mes soucis. Nous avons passé seulement deux cent quarante jours en Occident. Dans un mois d'ici, c'est-à-dire neuf mois après notre arrivée, un jeune bébé Romain Rolland viendra au monde.

— Oh ! notre bébé Romain Rolland !

— Plus la naissance est retardée, plus le bébé est Yang !

— Oui, c'est vrai. Lao-Tse est né après avoir passé une longue période embryologique de trois ans.

CHAPITRE VIII

LE CANCER DU SANG

En passant par la Lorraine, avec des étuis de cuir rigides, très désagréables, aux pieds, Monsieur Jack fut invité par un de ses amis médecin, le Dr M., acupuncteur, pour donner une consultation à une femme et à sa mère. Cette femme est une de ces pauvres « condamnées à mort » abandonnées par la médecine occidentale : elle est affligée d'un cancer du sang.

— Il est très curieux qu'une médecine qui ne guérit même pas une maladie soit légalisée comme médecine officielle, tandis que toutes les autres méthodes de guérison sont formellement interdites dans un pays dit « démocratique », dit Monsieur Jack.

— Ce n'est pas juste. La liberté n'existe-t-elle pas dans ce pays « démocratique » ? demande Madame Mitie. C'est ridicule.

— Voilà. La démocratie moderne est fondée sur un bas jugement, très bas jugement, tel celui de John Locke. Sa théorie, devenue la base de la plus puissante république, celle des États-Unis, est empruntée aux anciens Grecs, dont la loi suprême était la force (la raison du plus fort), et qui possédaient des esclaves vingt fois plus nombreux que leur population. Donc, leur démocratie était un régime de force de la minorité ; la majorité était composée des esclaves les plus misérables. La démocratie occidentale est basée sur la violence. Et cette théorie de John Locke a été justifiée et perfectionnée très minutieusement, récemment, par Sir Bryce, dans sa grande œuvre intitulée « La Démocratie Moderne ». Ces deux grands écrivains, Locke et Bryce, sont des avocats défendant le comportement des « civilisés », des colonisateurs les plus meurtriers des pays de « primitifs ». Les « civilisés » étant les survivants des plus barbares, triés et sélectionnés par la grande machine dite « sélection naturelle » à travers des milliers et des milliers d'années sombres, froides, vouées à la famine, dans cette péninsule dite « Europe » ou « Pays Noir » ou « Pays de la Nuit » du grand continent dit « Asie » ou « Pays du Soleil », sont devenus nécessairement les peuples les plus Yang, braves, simples, cruels. C'est la sélection naturelle qui leur a formé une mentalité à l'antipode de la nôtre. Il est donc très naturel que la « civilisation blanche » soit si malfaisante aux yeux des colorés, les peuples asiatiques vivant sous le régime de la grande famille où ni la force, ni la loi, n'ont besoin de régner. En Extrême-Orient, pas d'esclave ni de loi « du plus fort ». S'il y en avait, ce serait la loi biologique, physiologique et logique, élaborée par le haut jugement, d'après la Constitution de l'Univers et de la vie : « le Canon de Manu » qui date de milliers d'années. S'il y avait des « Raja » ou rois en Chine ou aux Indes, ils seraient des imitateurs du véritable roi. La lettre idéographique chinoise le démontre : les trois lignes horizontales traversées par une autre ligne verticale. La plus haute de ces trois lignes, qui est aussi la première, symbolise Yin, l'infini créateur ; la troisième symbolise la terre Yang ; la deuxième, tous les êtres créés par ces deux forces antagonistes ; et la ligne verticale qui unit ces trois lignes horizontales symbolise la Constitution de l'Univers, l'Ordre de l'Univers, le jugement suprême, ou l'esprit... Voilà le véritable portrait du roi extrême-oriental. Le roi Asoka des Indes en est un modèle. Il y en a beaucoup en Chine et davantage au Japon où, pendant des siècles, il n'y eut aucune peine capitale, et s'il y en eut après et tout récemment, ce fut l'honneur de faire hara-kiri, avant l'invasion de la « civilisation ».

— Tu es très bavarde aujourd'hui. Tu n'as pas pris un œuf ou un morceau de viande hier ?

— Non, non. Ne t'inquiète pas. Je veux dire que la démocratie moderne d'après John Locke et Sir Bryce n'est que la justification ou législation de la raison du plus fort.

— C'est une traduction de cette loi : « Le plus adapté, seul, survit ». Ou : « Le plus fort peut se nourrir des faibles. »

— C'est exactement cela. C'est donc très logique.

— Il n'y a rien à ajouter ?

— Si. C'est la définition de ce « plus fort ». Le plus fort des primitifs est celui qui observe la Constitution de l'Univers ou de la vie, d'après la philosophie des Extrême-Orientaux. Mais le plus fort des « civilisés » est le plus fort dans ce monde relatif, fini, éphémère. Voilà l'origine de tout antagonisme entre « civilisés » et « primitifs ».

— Voilà la clef de la liberté infinie et de la paix éternelle, qui a échappé à la vue de ces grands bandits philosophes dits John... Lock ou Locke ?

— Alors, nous avons bien compris pourquoi il n'y a pas la liberté médicale et pourquoi l'Ordre de la médecine règne au pays des « civilisés », n'est-ce pas ?

— D'accord, mais... quand même, c'est extrêmement ridicule que les médecins soient excusés de ne pas pouvoir guérir une maladie ou une autre. Ils n'ont pas de conscience. S'ils en ont, ils doivent renoncer à leur monopole. Sinon, ils sont des meurtriers de toute l'humanité. Peuvent-ils guérir d'autres maladies ? Non, ils ne le peuvent pas du tout. C'est pourquoi, on produit successivement de nouveaux médicaments et des vaccins en abondance. C'est pourquoi l'acupuncture, technique simple, banale et plusieurs fois millénaire, est en vogue en Europe aujourd'hui. Or, si elle guérit en effet, elle n'est que palliative. La médecine des « civilisés » est symptomatique. C'est incroyable. La médecine de la deuxième étape est officielle ? Et les non-médecins qui, eux, savent guérir, ne pourraient pas guérir les malades abandonnés par la médecine officielle ? On ne leur en donne pas le droit ? Tu dois regarder mourir des pauvres abandonnés, au lieu de les sauver, et cela par la faute du monopole d'une médecine ignorante et impuissante ? Alors, tu es un meurtrier malgré toi ? Et le gouvernement, et l'ordre des médecins monopolisateurs, sont doublement meurtriers quand ils interdisent aux malades de demander leur salut à ceux qui peuvent les secourir, comme ils interdisent auxdits secouristes toute activité salvatrice.

— Voilà la démocratie maudite.

— Mais tu n'abandonneras pas cette femme ? C'est une brave fille, très travailleuse. Regarde ses mains bien développées. Il faut que tu la guérisses. Si tu es arrêté par la loi du plus fort, nous nous féliciterons de mourir en vrais Erewhoniens. Nous n'en avons aucune peur.

— Non, on ne me tuera pas, quand même ?

— Mais nous sommes dans un pays de « civilisés ». Or, tu m'as dit l'autre jour qu'il y existe une société d'assassins appointés, et que l'on y meurt soudain d'une « maladie cardiaque » ou « tombé par la fenêtre » ou « dans un accident de voiture » !...

— Ce n'est pas ici, on dit cela aux États-Unis...

— Cela ne fait rien. Nous autres, Erewhoniens, devons à notre tour introduire, en récompense de la « civilisation meurtrière », la Constitution de l'Univers dans tous les pays des esclaves. C'est notre unique plaisir de vivre.

— Bon, je guérirai cette brave fille comme ces filles noires d'Afrique. D'ailleurs, notre médecine ne peut pas être considérée comme une médecine dans un pays où règne seule la médecine symptomatique, sanglante, cruelle ou palliative. La nôtre n'est pas du tout curative, palliative ni symptomatique. Mais éducative. Elle enseigne au malade comment se guérir lui-même. La guérison dépend uniquement de sa volonté et de sa compréhension.

— Mais elle sera considérée comme une magie, et toi comme un sorcier des « primitifs », et tu seras finalement condamné.

— Peut-être.

— Ne t'inquiète pas. Si tu es emprisonné, je te suivrai en guérissant des centaines et des centaines de malades...

— Bon.

C'est ainsi que Monsieur Jack commença la guérison « magique ».

— Madame, vous serez guérie. Je vous le garantis. Voulez-vous une guérison lente, en une année, ou une guérison rapide, dans trois mois ou dans un mois ?

— Je la veux ultra-rapide, à tout prix, vite...

— Bon, alors vous observerez très strictement ce que je vais vous dicter.

— D'accord.

— Et, tout d'abord, vous devez être décidée à devenir votre doctoresse et ensuite celle de toute votre famille, puisque je vous donne tous mes grands secrets.

— Oh ! oui, si c'est possible. D'ailleurs, mon père est très malade, rhumatisme, et mon mari, cardiaque.

— Bon, vous pouvez les sauver, et ensuite vous devez enseigner ma méthode à tous vos voisins qui souffrent, abandonnés par la méthode occidentale.

— C'est promis. Il n'y a rien de plus désirable.

Monsieur Jack donna une explication méthodique, et dicta un régime alimentaire ainsi que des directives. Cela se passait dans le salon de consultations du Dr M., dont le père, expert authentique de la pathologie du sang, est aux antipodes de la médecine extrême-orientale macrobiotique, diététique et dialectique.

Après trois semaines, Madame A., cette jeune femme de Nancy, écrivit une lettre à notre Erewhonien. La voici :

Boismont, le 17 octobre 1956.

Monsieur le Professeur,

Comme vous me l'avez demandé, lors de notre entrevue fin septembre à Nancy, chez le Dr M..., je m'empresse de vous tenir au courant des résultats de mes trois semaines de régime (commencé le dimanche... septembre), comportant 90 % de céréales et 10 % de légumes verts et suppression de tout liquide (simplement rincer la bouche 1 ou 2 fois par jour, sans avaler). Je me suis très bien habituée à ce régime, dont le plus dur fut la privation de boisson. Je suis arrivée à uriner 2 ou 3 fois en 24 heures, et à aller régulièrement à la selle une fois tous les matins.

Je continue donc ce régime en attendant que vous veuilliez bien m'indiquer ce qu'il faut faire à présent.

En vous remerciant à l'avance, je vous prie d'agréer, Monsieur le Professeur, l'expression de ma considération distinguée.

E. A. (signature)

P.S. — Si nécessaire dans le courant du traitement, mon mari pourrait me conduire à Paris.

Mais, malheureusement, elle oublia d'y joindre l'analyse de son sang. Monsieur Jack la demanda. Voici la réponse du mari, avec l'analyse d'un interne, biologiste :

Boismont, le 23 octobre 1956.

Monsieur le Professeur,

Je vous adresse, sous ce pli, le résultat de l'analyse que, par votre lettre du 19 courant, vous avez demandée à ma femme.

Je n'ai pas sous la main l'analyse précédente, faite le 15 septembre (donc 15 jours avant le début du traitement prescrit par vous) mais je me souviens des deux nombres principaux :

globules rouges 3.920.000 (maintenant 4.480.000)
« blancs 45.000 (« 41.000)

Votre traitement donnerait donc déjà un résultat, surtout en tenant compte que, durant les 15 jours précédant le traitement, la formule globulaire de ma femme avait dû s'aggraver légèrement encore.

J'ai commandé, dès réception de votre lettre, samedi, la crème de sésame à Monsieur Haégy de Reims. Je pense la recevoir demain au plus tard.

Ma femme suit toujours vos indications, et notera pendant une

semaine les renseignements quotidiens demandés. A l'expiration de
cette période, elle vous retournera votre questionnaire rempli.
En vous remerciant encore de votre obligeance, je vous prie de
croire, Monsieur le Professeur, à l'expression de ma considération
très distinguée.

signé : C. A.

Après avoir lu la lettre du mari, Monsieur Jack se tait, très triste.

— Cela ne va pas, il est gravement malade, et de la maladie la plus difficile à guérir...

— Qu'est-ce qu'il a ?

— Si je ne guéris pas cette maladie, Madame E. ne pourra être heureuse.

— Pourquoi ?

— Il mourra bientôt.

— Mais, quel est le résultat de l'analyse ?

— *Elle* est guérie, là n'est pas la question.

— Est-elle guérie ? Quelle joie ! Merci, merci, merci infiniment. Elle le mérite ; c'est une fille très brave, très honnête, très française, et surtout très gentille. Mes félicitations. Mais elle est guérie si vite ?

— Oui, dans notre sens, elle est guérie à cent pour cent, c'est-à-dire la guérison, d'après notre médecine suprême, n'est qu'un changement d'orientation de la tendance de la vie. La maladie étant une mauvaise orientation ou mauvais gouvernement, cause ultime de tous les maux « Karma ». Ce « Karma » une fois supprimé, la maladie (ou le mal) ne peut plus exister, donc c'est la guérison complète. On n'attaque pas les symptômes, mais l'origine de ces symptômes. Cette cause des maux ou des maladies une fois supprimée, on n'a plus rien à soigner. Le reste dépend de la volonté du sujet. S'il ne réalise pas, il n'a qu'à étudier mes livres...

— Mais, quelle est la maladie de son mari ?

— La maladie la plus difficile à guérir. La maladie la plus difficile et la plus répandue parmi les « civilisés ».

— Le dualisme ?

— Oui, c'est cela à peu près. Il ne connaît pas le jugement suprême ou Dieu, la notion primitive. Et il se croit Dieu, sans le savoir lui-même, naïvement. Il considère le médecin comme un instrument. Il est un « économique », qui a toute confiance dans la spécialisation économique. Il est exclusif.

— C'est un « polytechnicien » ?

— Peut-être.

— Alors, son cas est difficile.

— Oui, le plus difficile de la maladie dite « dualisme » : l'arrogance.

— Ah, arrogance ! C'est terrible. Mais ce n'est pas la première fois que tu rencontres cette maladie.

— Voilà l'ennemie N° 1 des Erewhoniens et de tous les colorés.

— L'arrogance, c'est peut-être la maladie la plus difficile, non seulement des « civilisés », mais de toute l'humanité ?

— Oui, c'est notre chère ennemie qui nous perfectionne !

CHAPITRE IX

PARIS,
PARADIS DES MEURTRIERS ET DES SUICIDÉS

— Tu as lu ce livre du Dr Poisson ?

— Oui, je l'ai lu... c'est terrible. Cent vingt-huit nourrissons tués par du lait en poudre contenant de l'arsenic, et plus de douze mille encore souffrants dans le Japon entier. C'est vraiment incroyable que du lait en poudre « Morinaga » contienne de l'arsenic, « Morinaga » étant le plus grand fabricant, comme « Nestlé ».

— Pourquoi met-on de l'arsenic dans le lait ?

— On est obligé d'ajouter quelques produits chimiques dans le lait cru avant de le condenser et le mettre en poudre.

— Pourquoi ?

— Pour stabiliser la qualité du lait...

— Pourquoi stabiliser ?

— Pour que le lait acidifié ne se coagule pas...

— Du lait acidifié pour des nourissons ?

— Ce n'est pas cela. Tout lait a tendance à devenir acide à la longue, et cette tendance est due aux microbes acido-lactiques. Alors on ajoute un stabilisateur comme le bicarbonate de soude, phosphate de soude, citrate de soude, etc. Il y a beaucoup d'autres moyens chimiques.

— C'est pour présenter du lait plus ou moins transformé comme du lait frais en apparence ?

— Oui, c'est cela.

— Alors ce n'est pas stabiliser du lait, c'est plutôt stabiliser l'industrie elle-même ou les capitalistes ?

— A peu près...

— L'arsenic est un poison ?

— Dans la médecine occidentale, l'arsenic est considéré comme un poison violent. En réalité c'est un élément Yang un million de fois plus fort que le sodium.

— C'est terrible...

— Mais on en emploie un peu partout dans l'industrie laitière, dans la fabrication du fromage, Eva-milk, etc. Morinaga employait d'ailleurs du phosphate de soude destiné à l'industrie non alimentaire, et qui contenait de l'arsenic et du peroxyde d'hydrogène, également interdit comme stérilisateur du lait...

— Oh, que c'est terrible...

— Mais il y a encore 529.925 boîtes de lait en poudre « Morinaga » qui peuvent empoisonner ou tuer au moins 1.590.000 nourrissons.

— Que va faire là-bas le ministère de la Santé ?

— Nous avons au Japon notre merveilleux fils spirituel, le Dr Poisson... Son livre, « Les Aliments Meurtriers », se vend énormément. Tout le monde en parle. C'est un succès sans précédent dans notre mouvement révolutionnaire physiologique, biologique et éducatif.

— Nous sommes très heureux d'avoir passé quelques années au Japon sans être empoisonnés...

— Parce que nous avont été logés et nourris dans le « Sana-rant » (sanatorium-restaurant), le siège social du mouvement révolutionnaire de l'alimentation qui date de plus de 65 ans, où on guérit toute maladie par la diététique.

— Mais, aux Indes, où nous avons passé deux ans, c'était terrible. Les Indes, surtout leurs grandes villes, sont submergées d'aliments meurtriers... Tu te rappelles ?

— C'est un pays en formation...

— Et nos huit mois en « Afrique Noire »... En Tanganyika, Kenya, Uganda et Congo, il n'y avait pas tant d'aliments meurtriers chimiquement traités. Mais en Afrique Équatoriale Française, surtout à Lambaréné, c'était extrêmement dangereux. Mademoiselle Emma, qui a travaillé plus de trente ans avec le Dr Schweitzer, a été victime d'une alimentation anormale. Je regrette infiniment sa mort ; elle était si gentille, elle m'aimait beaucoup. Mais elle ne pouvait pas comprendre notre médecine diététique, plusieurs fois millénaire. Elle était trop confiante en la médecine occidentale, qui date seulement de deux ou trois cents ans.

— Et maintenant, ici, en Europe...

— Nous sommes dans un pays de « civilisés », nous ne serons jamais empoisonnés, n'est-ce pas ?

— Oh si ! Notre vie est en danger de mort, chaque jour et à chaque pas. Regarde ces gâteaux, ces pâtisseries, regarde ces boulangers... et ces épiciers... tous vendent des produits meurtriers préparés dans les nombreuses compagnies alimentaires. Presque tous les produits de conserve contiennent des stérilisateurs, stabilisateurs, ou des matières colorantes.

— J'ai vu aujourd'hui au marché du beurre très coloré.

— Le beurre et le fromage peuvent être colorés avec le terrible produit chimique dit auramine. Les saucisses, les saucissons, sont aussi colorés. Toutes les conserves de petits pois et de haricots, et même de tomates...

— Et ces jus de fruits qu'on boit partout, dans les cafés ou dans les grands restaurants ?

— Naturellement, des produits chimiques cancérigènes les colorent, tel gentiana-violet, méthyle-violet, cristal-violet, malcite-vert, naphtol-yellow, tatragine, Ponsocem-3R (belle couleur de cerise en conserve) et d'innombrables colorants à l'aniline, etc.

— Ce n'est donc pas du véritable jus de fruits ?

— Non. Si c'était du véritable jus de fruits, il y aurait dans la bouteille ou versé dans un verre, trois zones nettement différentes, la première la pulpe légère colorée, la deuxième transparente et la troisième la pulpe lourde colorée. Mais le jus de fruit conservé dans un petit flacon que nous voyons dans les grands cafés de Paris est toujours de belle couleur homogène. Il n'entre dans la composition que dix pour cent de véritable jus de fruits au maximum, et le reste, 90 pour cent, est un mélange d'eau, de produits colorants et odorants, de sucre et de « carboxine-méthyl-cellulose » (huile additionnée de brome) ; ce dernier ne permet pas la précipitation de la pulpe lourde.

— Ah...

— De même du pain, du beurre, de la confiture, de la crème, des glaces, du chocolat, du jambon, des liqueurs... des boissons alcoolisées...

— Il est permis d'employer de tels produits chimiques dans l'industrie alimentaire ?

— Il y a naturellement des décrets concernant le contrôle de leur emploi. Un certain nombre de ces produits chimiques sont permis à une certaine condition, et à certaines doses.

Mais qui peut pratiquement contrôler tous les jours toutes les usines et tous les fabricants ?

— Alors nous sommes très heureux de n'avoir pris aucun aliment coloré de belle couleur ni aucune boisson ici, en Europe, puisque notre « tabou » nous l'interdit. Notre tabou est merveilleux.

— Méfie-toi. L'eau du robinet est stérilisée...

— Alors on ne peut pas l'employer dans la cuisine ?

— Non.

— Nous ne pouvons pas manger dans les restaurants.

— Nous ne pouvons pas acheter d'aliments préparés.

— L'eau de source, Evian ?

— Je ne connais pas encore son analyse, ni sa préparation.

— Nous devons donc trouver une maisonnette à la campagne, près d'une fontaine... Nous avons du riz non décortiqué, et nous pouvons cueillir des herbes sauvages délicieuses...

— Et tu prépareras un repas merveilleux tous les jours.

— Nous avons déjà trouvé beaucoup d'herbes superbes à la campagne, l'autre jour ! Il y a Tampopo, Huki, Aoza, Akaza, Obako, Titi-ko-gusa, Haha-ko-gusa et beaucoup d'algues dans la rivière et dans la mer : *Nori, Nanori, Hondawara, Wakamé, Aramé,* etc. Les civilisés ne savent pas comment les manger, et combien elles sont délicieuses et riches en minéraux et vitamines...

— Tu as bien trouvé...

— Oui, *Seri, Nazuna, Ogyo, Hakobera, Hotoke-no-za, Suzuna, Suzusiro...* Ces herbes sacrées se trouvent partout. Ces plantes étant extrêmement Yang poussent très bien sous ce climat Yin : hypertension, asthme, rhumatisme, surdité, surtout polio, et cancer... Je suis extrêmement heureuse d'avoir trouvé Yomogi, dont on peut préparer la boisson de belle couleur verte qui chasse tous les parasites intestinaux et qui fortifie le cœur...

— Tu as trouvé aussi Nobuki en...

— En Allemagne... à Fribourg, à Francfort, à Heidelberg... et à Belchen, dans la montagne de la Forêt Noire. Il y en avait partout, et surtout sur les ruines des maisons et des caves détruites par des bombes. Ces ruines étaient couvertes de *Nobuki,* qui guérit la maladie cardiaque, la tuberculose, et la paralysie.

— C'est merveilleux que la grande nature cultive cette plante si Yang dans la ruine si Yin !

— Mais aucun « civilisé » ne le comprend.

— Ils ne savent pas pourquoi ces plantes Yang poussent après la guerre si abondamment et partout...

— Tout de suite après la guerre, on n'avait pas de légumes. Alors on a dû en manger un peu, très probablement.

— Je ne le crois pas. La médecine occidentale est encore jeune, tandis que la nôtre date de plus de cinq mille ans.

— Voilà la supériorité de notre « tabou ».

— Oui, le « tabou » des « primitifs » a plus d'une fois prouvé sa supériorité sans pareille ! « Tout ce qui a la face a son dos ». « Le front et le dos sont toujours antagonistes », et « Tous les antagonistes sont complémentaires »...

— Oui, c'est très vrai. Si Paris est le Paradis des Meurtriers et

des Suicidés, la campagne est le Royaume des Cieux pour les
primitifs...

— Bravo !... Nous allons à la campagne demain...

Les deux pauvres « primitifs » chantent joyeusement :

> « *Séni, Nazuna,*
> *Ogyo, Hakobéra,*
> *Hotoké-no-za,*
> *Suzuna, Suzusiro,*
> *Korézo Nana-kusa* ».

C'est un « Tanka » (poème en trente et une syllabes) ; les quatre premières lignes montrent les sept plantes Yang qui poussent
même en hiver. Na, - kusa, - gusa, qui se trouvent à la fin d'un
mot, signifient « l'herbe sacrée » et précieuse. Ces sept plantes sont
considérées comme les plantes comestibles et médicales les plus précieuses au Japon. Et le nombre « sept » signifie « infini » dans le
symbolisme d'Extrême-Orient.

CHAPITRE X

LA BEAUTÉ PARISIENNE

— Que la Parisienne est belle !

— Paris est la ville de la beauté.

— Ici, à Paris, il est très naturel que tout le monde soit beau.

— Mais vois comme elles sont élégantes, les femmes de Paris !

— Elles le sont à cause de beaux chapeaux, de beaux manteaux, de belles robes tout à fait à la mode...

— Ah ! Tu ne comprends pas ce que je veux exprimer... Je dis qu'elles sont « belles ». Elles sont belles. Regarde cette fille : elle a un sac rempli par ses achats au marché : tu vois des pommes de terre et des poireaux qui dépassent et ces trois longs pains sous le bras ? Elle n'est pas à la mode. Elle est habillée simplement d'une simple robe de ménage en coton, sans chapeau ni bas. Mais elle est belle...

— Tout le monde est beau parce que blanc. « La peau blanche cache tous les défauts »...

— La blancheur ?... Oui. Mais regarde bien ses yeux rieurs, ses lèvres sans fard, sa bouche si petite, les oreilles à lobules si pendants ; elles font un angle si petit à côté du visage, le nez non dilaté... C'est magnifique, n'est-ce pas ?

— Oui, c'est vrai...

— C'est la beauté qu'on trouve très rarement, même chez nous.

Ah ! Elle rit en saluant au passage une de ses amies. Que c'est beau, ces dents serrées, verticales, ni déviées vers l'extérieur, ni vers l'intérieur !... Quel bonheur d'être née d'une mère qui les a ainsi façonnées !

— Les mères françaises doivent être louées...

— Mais les femmes françaises règnent à leur foyer, au contraire de chez nous...

— Combien je serais heureux si tu étais gouvernante dans notre vie quotidienne...

— Je suis un grand fardeau pour toi... Tu dois épouser une Française...

— Tu en serais contente ? Mais c'est un peu trop tard à l'âge de soixante-quatorze ans !... C'est dommage !

— Il n'est pas trop tard, ici, en France. Tu m'as appris hier, en lisant le journal, qu'un monsieur âgé de soixante-et-onze ans a été dépouillé de tous ses bijoux et de tout son argent par une fille de vingt ans, disparue le jour-même de leur mariage.

— Oui, c'est amusant, mais ce n'est pas rare... Picasso, Wagner, Gœthe... mais, après tout, ce sera la prochaine fois pour moi !

— Tant pis ! Mais vraiment, tu veux épouser une femme blanche en secondes noces ? (dit Madame, moitié larmoyante).

— Attends !

— Tu dis toujours : « Je suis le plus heureux d'être uni avec la femme la plus ignorante, la plus stupide, la plus incompréhensible », telle que moi.

— C'est très vrai.

— « Puisque je peux apprendre quels sont ces facteurs qui fabriquent un jugement », tel que le mien, et « comment dévoiler » mon jugement suprême... Si tu es marié à une blanche, tu n'auras rien à apprendre, ce sera triste...

— La beauté ne s'accompagne pas du jugement suprême ?

— Je n'en sais rien, je suis ignorante.

— La beauté, qu'est-ce que la beauté ?

— La beauté est évidente à nos yeux.

— Donc, c'est sensoriel ? Et nos sens nous trompent souvent ou plutôt toujours.

— Même toi, qui es très sage, tu as été trompé trop souvent par tes sens : par exemple, en me choisissant.

— De la beauté ou des sens, lequel est trompé ?

— La beauté est la beauté ; les sens sont récepteurs.

— Alors, pourquoi avons-nous des sens trompeurs ? Pourquoi la beauté cache-t-elle si profondément en elle, et souvent (sinon toujours), l'ignorance, la cruauté meurtrière et « tous les défauts » ?

— Parce que la beauté est superficielle et périphérique, tandis que la sagesse, la douceur de personnalité, la bonté, le jugement ou la volonté sont cachés ou invisibles, et se voient tout simplement au comportement du sujet.

— Mais la beauté ne fait pas que voiler toujours la sagesse, le jugement suprême ou la douceur de personnalité, parfois elle les *représente*. Il y a donc la beauté matérielle et la beauté spirituelle ?

Les pays des « civilisés » sont les pays de la beauté matérielle, superficielle, et les pays des « primitifs » ceux de la beauté spirituelle ?

— La beauté superficielle peut être la plus belle robe d'un malfaiteur.

— La beauté superficielle, matérielle (forme et couleur) suffit pour les objets d'art ou les objets destinés uniquement à nos sens. Mais, à elle seule, elle n'est ni suffisante, ni nécessaire pour les êtres humains.

— Tu te rappelles la patronne de ce café où j'achète toujours le tabac pour ta pipe ?

— Oui, elle est belle, élégante, très active.

— Mais elle est dure, rigide, froide, ne manifestant ni sympathie, ni amabilité. Elle ne dit jamais « Bonjour » ni « merci Monsieur, merci Madame ». Elle est un peu comme une machine à calculer qui fait des bruits inhumains.

— Mais cette vendeuse de journaux, à la Porte d'O..., elle est si gentille ; elle dit toujours « Bonjour Monsieur, Bonjour Madame, à demain » ; « Il fait froid aujourd'hui, comment ça va ? », etc.

— Mais elle n'est pas belle du tout : elle est âgée, vêtue d'une robe fanée, démodée. Elle est bien plus agréable que cette patronne de café... Combien il est triste de vivre face à face, tous les jours, toute la vie avec une femme aussi orgueilleuse de sa beauté que cette patronne ! Son mari doit être très malheureux, ainsi effacé, ou bien c'est un gangster ?

— Tu dois savoir tout d'abord qu'à Paris, la moitié de la population est d'origine étrangère ; ensuite que la France est un pays démocratique où l'homme et la femme sont égaux (c'est-à-dire que la femme a les mêmes droits que l'homme) ; et enfin, que c'est un pays Yin où on doit s'échauffer, même en parlant...

— Mais c'est choquant de voir et d'entendre les femmes parler sur un ton si élevé !

— D'ailleurs, il n'y a pas de langue féminine dans les pays des « civilisés ». Chez nous, si nous n'avons pas une langue précisant le nombre, le sexe, le sujet et la notion de temps, nous avons une langue masculine et une langue féminine polies, une langue religieuse, une langue poétique dans la vie quotidienne, et de plus l'article tout à fait spécial qui exprime la gratitude, la profondeur et la délicatesse de la personnalité. Mais ici, en Occident, la langue est démocratique, égale pour tout le monde. L'égalité linguistique domine. C'est pourquoi le vocabulaire occidental est si facile à apprendre.

— L'égalité au point de vue des droits humains est compréhensible. Mais pourquoi la femme converse-t-elle d'une voix si forte, si agitée, si impolie, si masculine ? La voix est personnelle, biologique, intellectuelle, individuelle. La logique et le jugement peuvent être égaux pour les deux sexes. Mais l'expression, la tournure, la nuance vocale, la délicatesse, peuvent être différents pour chaque sexe. La sexualité ne peut pas être égale. Si la femme est masculinisée, la guerre et les querelles ne peuvent être annihilées.

— C'est peut-être pour cela que les journaux rapportent toujours des faits divers tragiques, sanglants... L'égalité est peut-être trop exagérée.

— Si l'égalité est universelle, les femmes doivent former une armée égale à celle des hommes.

— Il y a des femmes-soldats aux États-Unis et dans certains pays d'Europe, déjà.

— Les Erewhoniennes ne peuvent pas tuer. Je ne peux pas tuer une loche, même si c'était pour guérir un malade.

— Des centaines de millions d'Hindous ne peuvent tuer même un seul pou.

— Mais ici, on mange tous les jours des volailles, des vaches, des bœufs, des chèvres, des œufs et des chiens... Voilà, pourquoi les femmes sont masculinisées biologiquement.

— On ne mange pas de chiens, ici.

— J'en doute : s'ils y étaient obligés par la guerre ou la famine, ils en mangeraient. Quant à l'homme, si on ne le mange pas par plaisir, on le tue par jalousie, haine, désir de richesse ou de ressources naturelles (les guerres coloniales). Plus de deux millions ont été tués à Verdun !

— En tout cas, la beauté parisienne...

— C'est la beauté superficielle, celle de la forme, de la couleur, sinon celle du costume et des produits de beauté. Elle est tout à fait étrangère à la beauté intellectuelle, culturelle, morale, biologique ou spirituelle.

— Je me rappelle cette belle histoire d'une jeune laveuse, la plus laide du village, filmée par Duvivier.

— Ah ! cette laveuse la plus laide du village, qui était allée au carnaval, cachée sous un beau masque, qui avait rencontré un jeune homme qui l'aima et lui proposa de l'épouser. Elle refusa, sachant qu'il l'abandonnerait une fois le beau masque ôté. Elle s'enfuit. Une fois seule, elle ôta son masque ; stupeur, elle est devenue plus belle que le masque...

— C'est cela. Cette histoire très française est très attrayante. Elle illustre le fait que le plus modeste, le plus humilié, le plus scrupuleux, le plus pauvre, peut devenir à la longue le plus heureux. « *Celui qui est pauvre, celui qui est conscient de sa pauvreté spirituelle, peut un jour entrer dans le Royaume des Cieux* ».

— La beauté superficielle (matérielle, enfantine, innocente) et la beauté profonde (spirituelle ou intellectuelle) doivent être différenciées. Tout le monde est attiré par la première tout d'abord, tandis que l'autre est méprisée.

— Si l'on devait choisir entre ces beautés, on prendrait de préférence la dernière.

— C'est plutôt rare. La plupart sont attirés par l'autre. Voilà la raison d'être des journaux remplis de faits divers tragiques, et de tous les grands « headlines » internationaux.

— Dans ce sens, on peut dire que la beauté est une proie ou un hameçon du pêcheur dit « malheur ». La beauté trompe, non seulement le jugement des autres, mais aussi celui qui est beau lui-même. La beauté donnée, héritée, ou produite artificiellement, n'est pas la beauté intérieure et profonde. Elle est, au contraire, superficielle et trompeuse. La beauté acquise grâce au comportement moral, intelligent ou spirituel, est aussi trompeuse souvent.

— La beauté superficielle, simple, est l'expression de l'innocence, de l'ignorance, de la pauvreté intellectuelle ou morale. La beauté esthétique, décorative, plus ou moins artificielle, est une beauté superficielle.

Et ensuite, la beauté morale, spirituelle, peut être, elle aussi, superficielle, décorative, et quelquefois trompeuse, malgré elle-même, si elle est le reflet d'une sentimentalité, intellectualité, de la solidarité sociale ou idéologique ou bien religieuse. Pourquoi ? Parce que le jugement sentimental, intellectuel, social, moral, idéologique ou religieux n'est pas le jugement suprême ; loin de là, au contraire. Tout le monde sait assez bien que la sentimentalité se trompe elle-même, que le plus haut jugement intellectuel ou scientifique est renversé presque tous les vingt ans, que le jugement idéologique est souvent voilé par la sentimentalité, l'émotion personnelle, et que le jugement religieux est mystique, fanatique

ou superstitieux. Même ces grands maîtres plus ou moins protestataires, courageux, honnêtes, tels Alexis Carrel, Paul Carton,
A. Schweitzer, Van der Meersch (l'auteur de ce fameux livre
« Corps et Âmes »), et Cronin que j'admire tant, comme révoltés-
objecteurs, aboutissent à la notion « Dieu » et finissent, soit comme
« croyants » et prêcheurs de l'importance de la foi, c'est-à-dire
qu'ils *s'orientent* vers le monisme de l'Extrême-Orient. Mais s'orientent seulement car, malheureusement, leur religion ou leur connaissance religieuse est de seconde main, d'occasion ou curiosité. Ils
l'ont empruntée à la mauvaise traduction des Grecs, transformée
par les Romains (la preuve : l'ordre d'exécution religieuse du Pape,
exécution de Galilée, Bruno, etc.) puis mutilée par les « civilisés »
formalistes ou catéchistes « phonographiques ». Elle n'est plus dès
lors qu'un simple dualisme, à l'encontre de la religion orientale
originale.

Ils insistent sur la foi, sur Dieu, « cet Inconnu », sur la bienfai-
sance, sur la vie pieuse, sur la notion la plus sentimentale dite
« moralité », toutes basées sur le dualisme, « le bien et le mal »,
« désirable et indésirable », « moral et immoral », « justice et
injustice ».

— Tu commences encore à prêcher...

— Retournons à la beauté. La beauté parisienne esthétique, décorative, intellectuelle, religieuse, ou psychologique, n'est ni la beauté
éternelle, absolue, infinie, ni la beauté poétique de tout ce qui para-
chève leur vie ou existence éphémère, triste, angoissante, tragique
et misérable : la réincarnation éternelle. La beauté artificielle est
une révolte de ceux qui passent, des limités, des misérables, contre
la vie éphémère elle-même. Si c'est une révolte, elle est dualiste.
En conclusion, la beauté parisienne est la poésie ou une expression
esthétique des mayas illusoires.

— La beauté, c'est éphémère. « Plus belle est la face, plus tragique est le dos », « plus beau le commencement, plus triste la fin » ;
c'est écrit.

— « Plus misérable le commencement, plus splendide la fin » ;

la quatrième loi de l'Ordre de l'Univers est bien enseignée, pourtant, dans une histoire pour la jeunesse française : « Cendrillon ». L'auteur, Charles Perrault, était d'origine erewhonienne.

— Ah ! « Cendrillon » est une histoire française ? Je l'admire.

— Et « Sans famille » aussi…

— Mais il y a beaucoup de sœurs méchantes de Cendrillon aujourd'hui !

— Peut-être quatre-vingt-dix neuf pour cent des filles françaises sont candidates au sort de Cendrillon.

— Elles aspirent à devenir les égales des hommes en droit, dans leur profession, et plus que les hommes en beauté esthétique, décorative, consommatrice, et en vie de luxe. Mais ce qui aspire à l'égalité est ce qui est inférieur.

— Ce qui est beau extérieurement est vide ou de mauvaise qualité intérieurement.

— Combien de fois ici avons-nous été désappointés par le beau sexe !

— C'est vrai ?

— Tu as oublié ? Oui, tu oublies tout ce que tu as fait pour de pauvres malheureuses. Tu as été combien de fois dérangé par ces demoiselles et dames. Combien de fois on m'a demandé de donner des leçons de notre préparation culinaire macrobiotique et dialectique…

— Mais c'est très naturel. C'est notre mission.

— D'accord. Mais je veux dire qu'ils sont extraordinairement ingrats. Ils sont tous très riches, mais ils n'ont jamais payé même les frais de déplacement. Par exemple, cette fille de M. le Professeur C. : elle est guérie de sa maladie très grave ; elle est rajeunie et elle est devenue très belle. Tu as été étonné, tu n'as pas pu la reconnaître puisqu'elle est revenue après un mois tout à fait changée, très vivante. Mais elle n'a pas dit un seul « merci ».

— Pourtant son frère, ses amis, son père même, déclarèrent tous qu'elle était vraiment rajeunie et devenues si belle… Mais c'est vrai, aucun n'a dit : « merci ».

— Et tant d'autres... Aucune n'a le sens de la reconnaissance...

— Oui, elles sont toutes ingrates, c'est-à-dire qu'elles n'ont même pas le jugement sensoriel ; à plus forte raison pas le jugement sentimental... C'est là notre mission ; non seulement guérir la maladie actuelle et future, mais dévoiler le jugement suprême pour garantir la liberté infinie, le bonheur éternel et la justice absolue, qui sont la base de la paix internationale.

— Alors, c'est toujours notre défaut ?

— Oui, l'ingratitude est une variété de la maladie la plus difficilement curable de l'humanité : l'arrogance.

— Bon... Alors tu me permettras de vendre mon dernier collier de perles ? Mon dernier, de plus grandes perles... On m'en donnera peut-être un million et il sera revendu trois millions au moins... Et nous pourrons rester encore deux ou trois mois peut-être.

— Tu dois économiser autant que possible. Est-ce le dernier collier ? Vraiment ?

— Qu'est-ce que je dois économiser ? Je n'ai acheté aucun chapeau, aucun manteau, aucune robe. Je suis en dehors de la mode. Ce que j'ai acheté pour moi, c'est une chemise. Je l'ai achetée à Londres. Tu n'aimes pas que j'aille au salon de beauté. Je suis la plus économe. La plus grande dépense que j'aie faite ici, en France, c'est pour l'impression de ton livre : oui, à peu près 55 % de notre dépense, et ensuite pour les hôtels et les voyages : à peu près 35 % ; le reste pour la nourriture, ton tabac et le cinéma... Je ne sais comment me procurer des billets pour Buenos-Aires, Lima, Sao-Paulo, Mexico, New York, Chicago, Los Angelès, Tokyo, Calcutta, Lambaréné et Berlin.

— Mitio nous enverra des billets de New York...

— Oh ! non, jamais de la vie ! Il ne faut pas dépendre de nos enfants. Ils sont jeunes et ils ne sont pas riches. Nous avons payé une partie seulement de leurs frais de voyage, en vendant tous mes instruments de musique, broderies et bijoux. Nous ne leur avons pas envoyé un sou depuis leur départ, mais Mitio nous a envoyé deux billets d'Air France pour aller de Paris à Lambaréné.

Nous ne savons pas comment il a pu payer. A qui a-t-il emprunté ?
Et ici, c'est toujours nos enfants qui nous transportent en voiture,
et qui paient tous les frais de correspondance aérienne, comme aux
Indes et en Allemagne. Ils nous aident énormément.

— Nous sommes heureux entre tous d'avoir une trentaine
d'enfants comme eux !

— Mais ils ne sont pas nos enfants par naissance : ils sont tout
simplement tes anciens étudiants !

— C'est pour cela que je dis toujours que nous sommes les plus
heureux du monde. Non seulement ils nous aident à présent, mais
ils nous aideront davantage, même après notre mort : ils réalise-
ront notre mission...

La Beauté Parisienne

Conclusion

La Parisienne est belle.

Il n'y a pas à en discuter. Elle est sans pareille, je l'aime, je
l'admire.

Mais la beauté est toujours esthétique, superficielle, sensorielle.
Elle est entièrement indépendante.

Elle est indépendante de l'intérieur (de la personnalité, de la
volonté, de l'amour, de la conception du monde ou de la vie, des
comportements).

Quelquefois, elle est étrangère à la beauté spirituelle. Parfois,
elle cache la cruauté, la trahison, la haine, la volonté meurtrière,
la vanité, la volupté des suicides, la mort... qui assassine quelquefois le plus brutal ou qui fait périr un empire.

« *Elle qui fait périr un royaume* » est un synonyme de la « *belle* »
au Japon et en Chine.

« *La belle, c'est la tragédie* » dit un dicton japonais.

Il y a des Marie-Antoinette un peu partout.

Elle, si contente de sa beauté, elle qui veut que son miroir lui dise : « *Vous êtes la plus belle dans le monde entier* », peut tuer sa belle-fille dans la forêt.

La beauté ne suffit pas.

La beauté peut être une simple décoration, une proie ou un hameçon meurtrier.

D'ailleurs, toute beauté finit, et laisse un cadavre froid et laid.

Où est-elle, Cléopâtre ?

Où est-elle, Marie-Antoinette ?

La beauté éternelle, la beauté que personne ne peut oublier pour toujours, où est-elle ?

Au contraire de la culture grecque, l'esthétique d'Extrême-Orient ne glorifie pas le corps humain. On le déteste comme un « *sac* » qui contient des choses répugnantes. C'est pourquoi il n'y a pas la glorification du corps nu en Extrême-Orient.

Le nu hellénique, c'est l'anthropomorphisme détesté en Orient, l'académisme classique en Occident.

Le nu est considéré comme le plus impoli, le plus méprisable aux pays des « primitifs ». Nos deux amis « primitifs » éprouvent un sentiment de honte en face d'un nu.

Pour eux, le nu est une expression trop brutale, et trop impolie, de l'appétit le plus animal ou le plus sensuel.

Ils détestent d'ailleurs la manifestation ou la démonstration de la beauté personnelle, et humaine. Ils cachent la beauté personnelle, humaine ou matérielle. C'est leur « tabou » d'exhiber ou d'exposer la beauté corporelle, intellectuelle, économique, à plus forte raison la beauté des bijoux ou des objets d'art qu'ils possèdent. Puisque la beauté, la richesse, produisent la jalousie, et rendent malheureux ceux qui sont pauvres en beauté ou en richesse.

Cacher la beauté, c'est une autre beauté, la modestie.
Les Japonaises ainsi que les Erewhoniennes portent leurs plus belles robes sous des robes sombres et modestes.

— La beauté de la modestie et de la politesse est-elle inconnue en Occident ?

— Non, on aime ici la beauté simple, innocente, candide.

— Mais on ne connaît pas la beauté profonde, la beauté éternelle ? Notre art sacré...

— Je n'en sais rien. Mais la beauté innocente est amusante à regarder.

— La beauté artificielle est insupportable, n'est-ce pas ? Regardez ces beaux gâteaux colorés par des produits chimiques cancérigènes. Le rouge chimique est éclatant. Aucun jeune Erewhonien n'est assez audacieux pour oser embrasser une fille aux lèvres colorées avec de l'aniline cancérigène.

— Dans notre petite île d'Erewhon, les femmes emploient le rouge à lèvres comme un médicament quotidien, puisque le rouge, produit végétal et plusieurs fois millénaire, facilite la circulation et les règles. Le rouge erewhonien décharge l'excès de Yang du sang et fait la femme plus féminine, plus délicate et plus Yin.

— Pouvez-vous aimer une femme extrêmement belle de visage et de corps, mais menteuse, malfaisante et parfois meurtrière ?

— Vous ne préférez pas une femme laide et pauvre en apparence, mais extrêmement gentille, délicate et honnête à une belle en apparence, et laide intérieurement ?

— Je connais un peintre japonais de talent qui a choisi une Occidentale très laide et très âgée.

— Il a passé une vie extrêmement heureuse. Celui qui cherche une beauté comme épouse, divorce, se marie ensuite avec une autre beauté, et s'en sépare à nouveau... C'est un chercheur de beau masque. Il ne sera jamais content.

— Pour les « primitifs », l'esthétique signifie une chose éternelle, symbolisant la Constitution de l'Univers et la vie éternelle, la justice absolue et la liberté infinie.

— La divinité, si vous voulez.

— Pour les « primitifs », la beauté est naturelle, spirituelle ; l'artificiel ne mérite qu'un mépris complet. Pour eux, la beauté est une chose « invisible ». Mais pour les « civilisés », la beauté est une chose évaluable, palpable, sensorielle et appétissante si possible.

— Chercher la beauté signifie qu'on n'est pas beau.

— Mais il y a deux beautés, la beauté éphémère et finie, qui se transforme en laideur tôt ou tard ; et l'autre, la beauté éternelle, intérieure. La beauté superficielle et plastique est « donnée », mais tout ce qui est donné n'est qu'une dette. La beauté éternelle, c'est une création. On ne peut pas la créer sans être en contact avec le jugement suprême.

— La beauté intellectuelle (ou de l'intellectualité) a une limite, comme la beauté de la force ou de la fortune.

— Ce qui dépend de la beauté limitée aboutit fatalement à la tragédie. La science en est un exemple, la réforme scientifique de la société en est un autre.

— Des milliards d'hommes et de femmes sont aveuglés.

— Ils sont un peu comme les cochons d'Inde. Ils sont condamnés pour la vie à de lourds travaux forcés. Ils ne peuvent pas s'unir.

— Le haut jugement leur fait défaut. Ils cherchent une beauté finie, une fortune limitée. S'ils peuvent s'unir, ils ne réalisent que la révolte ou la destruction.

— Ils veulent éterniser la beauté finie et éphémère. Ils ne savent pas comment développer leur bas jugement jusqu'au jugement suprême. Ils sont aveuglés, enchaînés et emprisonnés par le roi le plus brutal dit « économique ».

— Ils s'efforcent à tout prix de transformer scientifiquement ce monde en Royaume des Cieux. Ils ont mal choisi l'instrument, ignorant que la science occidentale n'est rien d'autre que le jugement sensoriel fortifié et armé.

— Ils ne savent pas qu'ils vivent au centre du Royaume des Cieux, et qu'ils sont le seul prince du roi éternel. Ils compliquent tout. Ils s'efforcent de passer à tout prix, même avec violence, au travers d'un trou, tout à fait imaginaire, qu'ils croient trouver dans l'infini.

— Il n'est rien de plus facile que d'entrer dans l'infini. On peut le réaliser littéralement en un clin d'œil.

— Mais ceux qui sont habitués et attachés au monde relatif et fini imaginent le monde infini et absolu comme fini et relatif.

— Ils ne savent pas, ils ne comprennent pas, ils ne veulent pas comprendre que le monde fini et relatif n'est qu'un point imaginaire, géométrique du monde infini et absolu.

— Regardez ce monde relatif et fini rempli de mensonges, de destructions, de massacres, d'exploitations, de cruautés... de tous maux... Aucun médecin ne montre la grande route infinie vers la santé et le bonheur éternel.

— Aucun politicien ne peut établir la paix ! Pas un seul éducateur ne peut enseigner la joie de créer ! Pas un sociologue ne peut garantir la sécurité dans la société !

— Pas un religieux prêchant la justice absolue, pas un simple romancier racontant les aventures spéculatives d'un héros nouveau.

— « 1984 » d'Orwell, « The Castle » (Le Château) de Kafka, s'expliquent ainsi.

— Comme c'est amusant de contempler cette tragédie occidentale de l'incompréhension de l'homme.

— Voilà l'envers de la beauté parisienne.

CHAPITRE XI

SEPT ÉNIGMES D'EUROPE

Du Bois Reymond

Du Bois Reymond a proposé les sept énigmes de l'Univers et a déclaré quelques unes d'entre elles absolument insolubles, et à jamais. Lorsque l'Erewhonien les a lues, il a beaucoup ri, parce que ces énigmes avaient toutes été résolues par le Principe Unique, il y a des milliers et des milliers d'années. Il s'en moquait. Mais, à son tour, il a trouvé les sept grandes énigmes d'Europe, les petites étant au nombre de 70. Ces énigmes seront considérées par les Européens comme faciles à résoudre.

L'INCOMPRÉHENSION, MÉDECINE INCOMPRÉHENSIBLE

Tout d'abord, c'est l'incompréhension, profondément étonnante pour les deux Erewhoniens, de la médecine par les médecins et les malades. D'après leur médecine, il y a sept étapes de la maladie :

1° L'état mental sans discipline ni loi ni foi, le jugement aveugle, mécanique.

2° L'égoïsme sensoriel dans la vie, surtout dans l'alimentation (gourmandise).

3° La maladie du sang, empoisonné par une mauvaise alimentation d'après le jugement sensoriel et égocentrique.

4° La maladie des cellules, nourries par du sang empoisonné.

5° La maladie des organes, formés par des cellules malades.

6° La maladie psychologique, la mauvaise symphonie des organes malades (dualisme ou idéologisme).

7° La maladie mentale, la plus difficile à guérir : arrogance, autodéification.

Plus l'étape de la maladie est basse, plus elle est facile à guérir, puisqu'elle est rudimentaire, simple, peu développée. C'est évident. Pour guérir la maladie, il faut attaquer la partie la plus facile, la plus fondamentale : la nourriture. Toute maladie a sa racine la plus profonde dans la mentalité indisciplinée, sans foi ni loi, le jugement le plus bas. On doit changer son milieu biologique, physiologique et social, en révolutionnant la préparation culinaire avant tout. Sinon, la maladie localisée ou son symptôme détruit, elle se reproduira sans cesse. Si l'on ferme ou enlève cette localisation tout entière, la maladie cherche et trouvera facilement ailleurs une ou plusieurs issues, puisque la racine qui la nourrit n'est pas du tout touchée, et elle s'aggrave de jour en jour.

Mais la médecine occidentale ignore l'origine de la maladie. Au contraire, elle attaque le symptôme ou la localisation de celle-ci qui sont, non seulement innocents, mais bienfaisants pour l'évacuation de la maladie. Ou bien, elle s'en prend aux microbes ou aux virus imaginaires, comme s'ils étaient des criminels. C'est tout à fait ridicule. C'est attaquer les boulets de calibre infime, tirés par des ennemis, au lieu de vaincre les soldats ennemis ou les officiers qui les commandent, ou bien l'état-major ennemi, ou mieux, le gouvernement ennemi ; ou bien illuminer le jugement bas des ennemis si l'on est le plus haut en jugement.

La maladie du sang (tel le cancer du sang) n'étant pas encore localisée (c'est-à-dire que les cellules et les organes sont bien constitués et réfractaires aux attaques des facteurs morbides) est la plus facile à soigner. Le sang est produit par la transformation des aliments digérés tous les jours, par conséquent, on n'a qu'à changer un peu l'alimentation. Théoriquement, on peut le guérir en une seule journée. Pratiquement, en quelques jours.

Mais la médecine occidentale ne sait que faire vis-à-vis du cancer du sang. On le déclare « incurable », on condamne le malade à mort et on l'exécute. Cette médecine est une véritable meurtrière si elle n'appelle pas au secours à haute voix publiquement, si elle n'avoue pas son infériorité, si elle ne s'avoue pas coupable de monopoliser les droits des guérisseurs, et si elle ne s'humilie profondément.

Mais la réalité est inimaginable. Comme nous l'avons vu au chapitre des superstitions, la meurtrière ne se reconnaît pas coupable, elle ne se fait pas justice. Elle n'a pas de conscience. Elle ignore la justice. Elle est une profession, bien pire que celle d'une prostituée. Celle-ci ne tue pas pour manger, elle est courageuse et honnête, elle donne du plaisir aux autres au lieu de les tuer, tandis que celle-là est malhonnête, lâche, immorale, elle ne cesse de s'enrichir en prétendant guérir toutes les maladies, bien qu'elle sache qu'il y a tant de malades, des millions et des millions, qu'elle ne peut même pas soulager !

Mais le cancer du sang n'est pas la seule maladie que la médecine occidentale ne puisse guérir. Il y en a bien d'autres contre lesquelles elle est impuissante. Et si elle n'est qu'un palliatif, n'est-elle pas dès lors plus cruelle que celui qui s'empare de l'héritage d'un pauvre malade qui lui a fait entièrement confiance avant de mourir ? Pour ce dernier, quelle déception !

Dans notre pays d'Erewhon, comme vous l'avez appris un petit peu en lisant le livre « epoch-making » (mémorable) de Samuel Butler, il n'est pas permis de devenir médecin si l'on n'a pas complètement guéri ses propres maladies, et les plus difficiles et les plus implacables, comme l'alcoolisme, l'égoïsme, l'instinct de trahison et celui du vol...

— Non seulement dans le domaine de la médecine, mais dans

ceux de l'économie, de l'institution policière, de l'éducation, dans toute la société, dans le gouvernement, la politique nationale et internationale, partout cette incompréhension domine ?... interroge l'étranger.

— Hélas... Par exemple : la police (esclave mécaniquement fidèle de la Loi) arrête un « criminel », et le met dans une prison, le privant de toute sa liberté d'homme. Et la Loi le juge, pour le mettre dans un grand camp de concentration pour un certain temps, appliquant quelques lignes du Code. Mais ce Code est établi par l'Assemblée d'un peuple de bas jugement, voté par le peuple tout à fait aveugle, esclave, ignorant du roi dit « Économique », acheté ou préparé par l'éducation ; elle-même dirigée par le gouvernement du roi « économique ». Et le juge est payé par ce même gouvernement. Le jugement, dans ces conditions, ne peut donc jamais être qu'une bêtise. Si le « criminel » est « économiquement fort », c'est-à-dire un des vassaux du roi « économique » il sera relâché tout de suite sous un prétexte ou un autre, quel que soit le crime. Mais si ce pauvre « criminel » n'est autre chose qu'un produit dit « économiquement faible », fabriqué soit par l'éducation enchaînée, soit par le socialisme ou la démocratie ou par tous les deux, alors ni l'éducation, ni le socialisme, ni la démocratie ne seront emprisonnés ! Le jugement qui ne sait pas, ou qui ne veut pas chercher le véritable criminel, est une maladie mentale et sociale très grave de l'Occident. La preuve : ni la police, ni la loi, ni les juges, n'ont jamais réussi à établir la paix jusqu'ici dans n'importe quelle société, depuis des milliers d'années.

Ni la police, ni la loi, ne sont curatives ni éducatives. Elles sont tout simplement aveugles-esclaves fidèles du roi « économique » ou « civilisation ». C'est pourquoi il n'y a pas un seul « économiquement fort » en prison. C'est aussi la même chose dans la médecine... La médecine ne peut pas guérir le jugement daltoniste ou aveugle qui est l'origine de tous les maux, de tous les crimes, y compris la guerre et tous les malheurs de l'humanité.

— Chez nous, comme vous l'avez lu dans « Erewhon » de

Samuel Butler, on soigne des criminels à l'hôpital et on rééduque et instruit des malades par des travaux forcés dans la prison. Ni les criminels ni les malades ne peuvent être sauvés si leur jugement voilé ne se dévoile.

— Mais ici, la médecine ainsi que l'éducation ne savent pas l'origine des maux. La première n'attaque que des symptômes éphémères superficiels ou des microbes innocents ; cependant que l'éducation enseigne seulement comment on peut obtenir cette qualification d'esclaves fidèles, mécaniques, du roi « Civilisation Économique ». Elle ne cherche pas la raison d'être de ces microbes ou de ces criminels. Elle ne voit pas ce qui les produit, la grande nature ou la Vie.

— Pourquoi cette maladie mentale, cette maladie du jugement existe-t-elle et domine-t-elle à tous les niveaux ? Je ne peux pas le comprendre. C'est scandaleux. C'est triste. Pourquoi ni les médecins ni les malades ne pensent-ils pas à cette ignorance totale de la médecine ?

— Dans cette jungle de la Civilisation, pleine de guerres, de misère, de bruits, de bêtes féroces, de carnivores dits « économiquement forts », de crimes et de maladies, nous autres, primitifs d'Erewhon, sommes tout perdus. Il est tout à fait incompréhensible pour les Erewhoniens que les « civilisés » si rationnels, si matérialistes, si scientifiques, puissent admettre l'existence et la pratique de la médecine symptomatique et empirique, qui ne connaît pas : « Ce qu'est la vie », ni « d'où elle vient » ni « où elle va », ni « Pourquoi le cœur bat ? », ni le mécanisme du cœur ; qui ne guérit aucune maladie une fois pour toutes ; que les praticiens exercent tout en sachant fort bien qu'il n'y a aucun médicament ni aucun traitement vraiment efficace et logique, et que les guérisseurs n'ont pas la même liberté que les médecins, que l'on n'a aucune liberté de choisir sa médecine, et que les « civilisés » rationnels dépendent de la médecine symptomatique.

— Il faut offrir notre trésor le plus précieux, le Principe Unique de la Paix et de la Liberté. On nous a tout pris : jusqu'à la tradition et la religion, ce n'est rien. C'est un commencement, donc la fin vient tôt ou tard. Nous devons donner et faire accepter aux « civilisés » la seule chose qu'ils ont oublié d'accaparer : le Principe Unique.

Nous devons prier pour les « civilisés ».

Le monologue du primitif continue sans fin. Moi-même, étant un des « civilisés », je ne comprends pas très bien ce qu'il veut dire. Mais, chose curieuse, je ne peux pas oublier ses mots :

— Ah ! l'incompréhension incompréhensible de la médecine « meurtrière », de l'éducation malfaisante, qui fabriquent des esclaves en masse...

L'ÉNIGME DE LA PHARMACIE

— Quel monde ! Il y a toujours autant de monde dans les pharmacies ! Pourquoi tant de personnes ?

— Ils sont tous malades. Ils sont venus acheter quelques médicaments pour soulager leur mal.

— Mais tant de malades ? Jour et nuit ?

— C'est étonnant, les « civilisés » sont malades.

— Mais, qu'est-ce qu'on vend ?

— On vend des médicaments.

— Mais quels médicaments ?

— Quels médicaments ? Ah ! tu penses à nos médicaments miraculeux si abondants, qu'on ramasse chez nous dans la forêt, dans les champs et dans la mer ?

— Non, je pense à ce que nous disions l'autre jour de ce directeur de compagnie pharmaceutique, qui n'est lui-même ni sauvé ni soulagé. On t'a demandé une consultation, sachant que tu guéris n'importe quelle maladie sans aucun médicament ni opération.

— Tout médicament n'est que palliatif et superficiel. Ce n'est pas du tout une solution. C'est un transfert ou un sursis de l'échéance d'un paiement, ou une destruction, soit de la localisation de la maladie, soit des nerfs qui transmettent la souffrance. C'est la destruction S.O.S. d'un organe. C'est un peu comme tuer un reporter ou détruire un téléphone qui vous transmet des nouvelles maudites.

— Mais pourquoi tant de monde dans les pharmacies ? On ignore donc ce que sont les médicaments ? On ne sait pas qu'ils sont non seulement palliatifs mais nuisibles ? Pourquoi ?

— Le jugement des « civilisés » est voilé par l'éducation « professionnelle » et « matérialiste » du ministère du roi « économique ».

— Mais ce n'est pas du tout « économique » !

— C'est palliatif, donc on est obligé d'en acheter continuellement. Voilà pourquoi les grandes sociétés pharmaceutiques s'enrichissent de plus en plus.

— Alors, la société pharmaceutique est une organisation de gangsters ?

— C'est une organisation du bas jugement uniquement matérialiste, qui ne vise que l'argent, comme toutes les autres organisations des « civilisés ». Les organisations modernes sont des châteaux royaux, fondations de l'empire capitaliste. Les compagnies pharmaceutiques grandioses et les nombreuses belles pharmacies sont des doigts de fer qui s'emparent des pauvres malades malheureux, pour leur enlever tout leur argent.

— C'est cruel ! Et je ne comprends pas bien. C'est une énigme, cette prospérité des industries pharmaceutiques.

— Ah ! tiens ! ce serait de la magie ? De la magie noire ?

— C'est-à-dire que l'on cherche quelque chose d'extraordinaire, de surnaturel ? Une guérison miraculeuse ?

— Oui. Ils cherchent la guérison à tout prix sans savoir qu'ils sont eux-mêmes responsables. Ils produisent d'ailleurs sans cesse de nouveaux médicaments inefficaces, soumis à la mode du jour : autre preuve de leur inefficacité. Mais les compagnies s'enrichissent...

LE MONDE DES CLEFS

— Ici, dans le pays des « civilisés », tout le monde porte une, ou deux, ou plusieurs clefs. La clef de la porte, les clefs des chambres, les clefs des tiroirs...

— Et même la clef du lavabo ! même du jardin public !

— C'est le monde des clefs. Sans clef, on ne peut pas vivre ; on ne peut même entrer chez soi.

— C'est le contraire de chez nous. Dans notre pays, on n'a pas une seule clef. D'ailleurs, notre maison est faite de roseaux et de feuilles. On peut y pénétrer de n'importe quel côté. On peut même l'emporter toute entière.

— Mais personne ne pénètre dans une maison dont les maîtres sont absents.

— On ne vole pas. Il n'y a aucun voleur.

— Alors, l'Occident est un pays de voleurs !

— Impossible. Tous les habitants sont des « civilisés ».

— Alors, pourquoi tant de clefs partout ?

— S'il y a quelques voleurs, il y a des lois et des agents de police...

— Mais on a peur d'être volé ?

— Peut-être... mais...

— Les « civilisés » ont colonisé tous les pays des colorés et, pour y mettre de l'ordre, ils ont construit partout des forts à l'entrée, les ont munis de soldats. Ces forts sont une espèce de clefs ?

— Mais ils ont tant d'objets ! Ce serait mieux d'être un peu volé ! Cela les débarrasserait !...

— Mais ils ne le veulent pas. Ils ont peur...

— Chez nous, si l'on affiche sur la porte de bambou ou de roseau « En voyage », personne n'entrera. Là où il n'y a aucune clef, où l'égalité infinie existe pour tout le monde, c'est le Royaume des Cieux, où la teigne et la rouille ne détruisent point, et où les voleurs ne percent ni ne dérobent. Là où il y a des clefs, c'est le monde des voleurs, ou la prison.

La police, le gouvernement ont des clefs..., des milliers et milliers de clefs qui s'appellent « la loi ». L'armée, le pistolet, les bombes atomiques sont tous des clefs.

Tout le monde sait qu'il est dit : « Car toutes ces choses, ce sont les païens qui les recherchent »... « Cherchez premièrement le Royaume de Dieu et sa justice ; et toutes ces choses vous seront données... » Mais personne ne cherche ce Royaume de la liberté infinie, du bonheur éternel et de la justice absolue, ni sa loi unique et universelle, la logique pratique dialectique Yin-Yang. Les Occidentaux sont-ils païens, gentils ou scribes ?

— Les « civilisés » aiment les clefs.

— S'ils colonisent le Royaume des Cieux, ils n'oublient jamais de bâtir des maisons fermées à clefs et des forts aux frontières.

— Ah ! le Royaume des Cieux avec des clefs... Que sont-ils en réalité ? Bandits ou voleurs ?

— Nous allons demain au Musée de Cluny...

— Pourquoi ? Qu'est-ce qu'il y a ?

— Il y a une surprise pour toi.

— C'est vrai ?

— La clef de la chasteté... Ce sont les clefs les plus sinistres, les plus honteuses. Tu seras ahurie...

— ?... Je ne comprends pas.

— Oui, c'est absolument inimaginable.

THÉ ET CHRISTIANISME

— Le thé que l'on sert dans tous les cafés des grands boulevards de Paris est « cancérigène », n'est-ce pas ?

— Pauvre amie, tu n'as rien à prendre dans un café ni dans un restaurant !

— Cela ne fait rien, je paie la tasse sans y toucher et je donne le pourboire. C'est pour me reposer assise, mais je ne bois jamais ce thé « cancérigène » coloré avec de l'aniline (jaune naphtol, ou orange s.s., etc.)

— C'est vrai. Tu as raison. Ce n'est pas la peine d'être tué en payant... Payer cinquante francs la tasse que tu ne touches pas, c'est suffisant.

— Mais pourquoi boit-on du thé avec du sucre et du lait ? Ainsi on ne peut pas goûter le thé, n'est-ce pas ? Chez nous, il y a une centaine de variétés de thé : des thés verts pulvérisés au thé grillé qu'on fabrique avec des feuilles de trois ans au moins, thé Yin et thé Yang. On ne connaît pas ici le véritable goût du thé, si varié, et les préparations si compliquées, différentes de l'une ou de l'autre, qui changent leur efficacité physiologique.

— On ne boit pas du thé, mais un mélange de sucre et de lait avec un liquide chimiquement coloré.

— On ne peut pas distinguer le thé amer, le thé doux, le thé salé, le thé tonique...

— Le thé de chez nous n'est pas une boisson ; c'est un médicament très précieux, d'après notre médecine suprême qui guérit tout. La préparation, la dose, la manière de prendre, tout est cérémonie. Le thé, c'est un culte, c'est une religion, comme il est bien expliqué dans le « Livre du Thé », par Okakura, du Japon. Le thé se boit pour augmenter la faculté de jugement, de méditation, et pas du tout par simple plaisir sensoriel.

— En Chine et au Japon, six cent millions d'habitants le boivent sans sucre ni lait.

— Mais en Occident, on le boit pour goûter le sucre et le lait mélangés. Ce n'est plus du thé ; c'est une boisson occidentale. Le thé, sacré et précieux, est remplacé par une boisson sucrée, colorée, cancérigène, malfaisante.

— C'est un cas tout à fait identique au Christianisme.

— C'est vrai. Comme on a transformé le Christianisme en un occultisme, on a traduit l'habitude de boire le thé en un plaisir sensoriel...

— Mais pourquoi cette transformation malfaisante à tous les niveaux ?

— C'est dû au bas jugement des « civilisés ».

— Mais pourquoi ce bas jugement ?
— Voilà une autre énigme...

KARMA

Dans une réunion d'intellectuels, Monsieur Jack fut bouleversé, stupéfait et complètement ahuri.

Il y avait là une quarantaine de personnes : savants, médecins, littérateurs. Après son retour à l'hôtel, il raconta sa stupéfaction à sa femme ensommeillée qui se réveilla dès qu'il rentra et l'écouta, les yeux brillants de curiosité.

— C'est mon étonnement le plus grand depuis notre arrivée en Occident. Toutes les personnes réunies ce soir connaissent le « karma » !

— Pas possible !

— Mais si. Elles le connaissent et, de plus, elles y croient avec acharnement, comme à une loi tout à fait inviolable, immuable. Elles se croient dominées toute la vie par « karma ».

— Et elles ne savent pas que le « karma » peut-être contrôlé ? Et la technique qui gouverne Karma, sous les noms de Bouddhisme mahayaniste, Christianisme, Hindouisme... etc.

— Non, elles ne le savent pas...

— Mais ce sont tous des intellectuels, n'est-ce pas ?

— Oui, ils font partie d'une élite...

— Alors, c'est désespérant !

— Il faut apprendre pourquoi ces savant et ces intellectuels sont tous convaincus par cette idée « Karma » qui a été improvisée par des commentateurs religieux professionnels pour exploiter de pauvres ignorants.

— Encore une autre énigme !...

Ces messieurs « civilisés » sont peut-être en réalité infantiles dans leur métaphysique. Comme il est plus difficile au riche d'entrer dans le Royaume des Cieux qu'à un chameau de passer par le trou d'une aiguille, ainsi le riche intellectuel ne peut pas entrer dans le pays de la liberté infinie, du bonheur et de la justice absolue.

— C'est très bizarre...

— Mais c'est très vrai. Je l'ai vu, ce soir. Ils sont si simplistes, si sommaires ! Ils ont toute confiance dans la science, dans les chiffres, dans les idées qui disparaissent corrigées ou remplacées par des idées nouvelles... La science, c'est un autre nom de « Karma » !...

Ceux qui nient le « Karma ». Karma est « la loi de *cause et d'effet* ». C'est absolument matérialiste et physique. Personne ne peut la nier dans ce monde relatif. C'est la base fondamentale de la physique moderne. Mais la majorité des Occidentaux l'ignore ; et la minorité, les scientifiques les plus avancés, ne veulent pas ou ne peuvent pas la comprendre. De plus, il y a certains Occidentaux, désoccidentalisés, qui sont peu nombreux mais très pieux, très croyants, et qui détruisent la notion de « Karma » en la mystifiant et la déifiant. Ils la croient absolue, inchangeable, incontrôlable. Karma est la loi de « cause à effet ». La cause une fois découverte, on peut changer l'effet en substituant une cause à une autre. Il est complètement incompréhensible que dans cet Occident si rationnel et si matérialiste, ils y en aient qui violent la loi du « Karma » en la déifiant.

HOROSCOPIE

— Tiens, qu'est-ce que ces signes bizarres ?

— Ah ! tu as trouvé quelque chose de très curieux. C'est le calendrier zodiacal. Un horoscope.

— Mais c'est un journal très important que tu lis chaque matin. Un tel journal publie des horoscopes ?

— Oui, et c'est une énigme pour moi.

— C'est une autre superstition ?

— Bah... c'est un commerce journalistique.

— Mais si c'est utile au point de vue commercial, cela signifie

JACK ET MADAME MITIE EN OCCIDENT131

que la majorité des lecteurs sont superstitieux... D'ailleurs, nous avons vu l'autre jour, dans un café des grands boulevards, une chiromancienne, et dans un autre une cartomancienne. Beaucoup étaient attirés...

— Oui, c'est vrai.

— L'Occident est un monde de superstition. Quelle mentalité...

— C'est pourquoi les prêtres sont parfois devenus professionnels ou vendeurs de cartes du Pape de Rome...

— Attention ! Il y aura bientôt, en Occident, des vendeurs et vendeuses du Principe Unique, parmi les « professeurs » ou « docteurs », qui gagneront de l'argent en traitant des pauvres malades et des gens simples.

— Horoscope, chiromancie, cartomancie... Mais, attends... c'est peut-être mieux, beaucoup mieux, d'avoir confiance dans l'astrologie ou la cartomancie que de croire à la médecine capitaliste... D'ailleurs, celle-ci emploie des produits chimiques souvent inutiles, parfois dangereux...

— En tout cas, c'est une énigme : un horoscope dans un pays de « civilisés » !...

— Oui, c'est la chose la plus surprenante en Occident pour nous, qui venons d'Extrême-Orient, car ce n'est rien d'autre que la sorcellerie déguisée des Primitifs !

Cartomancie, Horoscopie, Radiesthésie, qui se promènent au grand jour dans les villes, tandis que la sorcellerie dans les pays des « primitifs » est de plus en plus traquée par la « loi » des Blancs scientifiques.

Cartomancie, Horoscopie et Radiesthésie étant le détachement du vouloir contrôlé par le bas jugement, l'abandon du jugement égocentrique intéressé, ils sont très désirables et utiles pour tout le monde. Mais si ceux qui les pratiquent sont intéressés, égocentriques, à plus forte raison professionnels, le résultat sera malheureux.

Au contraire, s'il y a un pour cent d'êtres désintéressés vivant une vie accordée à l'Ordre de l'Univers, sa divinisation, soit par cartomancie, soit par l'horoscopie, soit par la radiesthésie, sera merveilleuse. (Je n'ai rencontré qu'un seul être de ce genre : Madame Jacqueline Chantereine.)

COLONISATION DE LA SOCIÉTÉ DES « CIVILISÉS » PAR DES BÊTES OU DU LAIT ANIMAL

Aux Indes, il y a autant de vaches qu'il y en a dans tous les pays européens réunis. Elles sont extraordinairement respectées, à l'égal des mères. Mais on ne boit pas le lait pour autant. Si l'on en boit, c'est le centième ou le millième de la quantité de la consommation des Européens par tête. En réalité, il y a des centaines de millions de personnes qui n'en boivent pas une seule fois dans la vie. A plus forte raison, on ne tue pas la vache. Elle est considérée comme la mère de la nation et le symbole du Dieu de l'amour et de la douceur. Au parc Maidan de Calcutta, qu'on dit le plus grand dans le monde, il y a toujours des centaines de vaches qui se promènent. C'est un véritable parc de vaches. Elles déambulent dans les rues. Si une vache se repose sur le grand boulevard, le tram, l'autobus, tout le trafic s'arrêtent et attendent qu'elle se déplace... On ne peut pas battre les vaches. Elles sont les mères respectées et aimées de la nation. Elles sont libres.

Ici, en Occident, la vache a droit de vivre à la seule condition qu'elle donne son lait, sa chair, son sang, sa gélatine et sa peau. Elle vit pour être exploitée et tuée. Elle regarde l'homme comme la bête la plus cruelle du monde.

Ici en Occident, on boit du lait. A Paris seulement, on boit des millions de litres de lait par jour. En Angleterre, on évalue la consommation annuelle du lait et du laitage à 500 milliards de francs ; aux États-Unis, à plusieurs fois cette somme. Plus de 80 % de toute la production agricole de l'Angleterre est d'origine animale, économiquement parlant.

On exploite les animaux ou on dépend de l'animal pour vivre en Occident. Le sang et la chair des Occidentaux sont fabriqués en grande partie de sang animal.

On boit du lait et on se nourrit de chair animale. Ce qui est le plus lamentable, c'est qu'on alimente les nourrissons et les enfants avec du lait de vache. Les Occidentales ont abandonné leur qualification maternelle. Elles sont dépouillées de la gloire d'être mères. Leurs bébés sont devenus frères et sœurs de lait du veau. Les enfants de l'homme sont devenus les enfants adoptifs des animaux.

Aucun animal ne fait ses enfants frères et sœurs de lait des autres bêtes. Même les Romains n'ont pas fait de leurs enfants des veaux.

Dans les pays d'Extrême-Orient, on considère l'époque embryologique et de l'allaitement comme étant la plus importante pour la formation physiologique, puis psychologique de l'homme. Celui-ci dépend, avant tout, de la nourriture des premières périodes. La base fondamentale de toute existence repose sur l'alimentation créatrice de nos premières années.

Pourquoi fait-on de son propre enfant un nourrisson de bête ?

L'Erewhonien ne le comprend pas du tout.

C'est la médecine occidentale qui recommande le lait comme la meilleure nourriture du bébé. Pourquoi ? Parce que le lait animal est le plus proche du lait humain par sa composition chimique ? Quelle grossièreté. C'est encore une superstition, comme celle de la viande et des fruits. Le fils de l'homme n'est pas le fils de la bête. Il ne peut pas, il ne doit pas l'être. Le fils de l'homme est le fils de l'homme, rien d'autre.

Ne connaît-on pas la grande différence intellectuelle, morale, sentimentale, spirituelle, esthétique, linguistique, sensorielle, sociale, entre le veau et le fils de l'homme ?

Quelle grossièreté...

C'est ici qu'on peut ou doit trouver l'origine de toute l'incompréhension de la Constitution de l'Univers des Occidentaux, y compris toute superstition et toutes les énigmes qui gisent dans la profondeur de la mentalité des « civilisés ».

C'est ici l'explication de la déclaration de Kipling : « *L'Est est l'Est, l'Ouest est l'Ouest...* »

C'est pourquoi la force est la loi suprême dans ces pays des « civilisés », comme dans le monde des animaux carnivores...

UNE AUTRE ÉNIGME

En Europe, il y a actuellement beaucoup de gens désireux d'apprendre le Principe Unique de toute philosophie, y compris Bouddhisme, Christianisme, Hindouisme, etc., et sa technicité (la médecine, la diététique, l'art culinaire de la longévité et du rajeunissement, le Yoga, l'acupuncture, la moxation, le judo, l'Aïki, le massage, etc.) pour avoir la liberté infinie, le bonheur éternel et la justice absolue, la véritable Lampe d'Aladin.

Je suis venu pour eux, en dépensant plusieurs millions de francs et surmontant bien des difficultés et vivant bien des aventures. Ils m'ont rencontré. Ils se sont tous déclarés extrêmement heureux. Mais, chose curieuse, personne ne saute sur moi. Pourquoi ? Leurs prétextes, excuses ou explications sont les suivantes :

1° Je suis engagé dans mes affaires.

2° Je suis payé, je ne peux pas abandonner mon métier, puisque je ne peux pas manger sans salaire.

3° Je dois gagner avant tout, pour me lancer comme professeur de votre diététique.

4° Je veux bien, mais je ne peux pas professer votre philosophie et votre technique diététique... puisque je n'ai pas la qualification, que l'Ordre des médecins ne me permet pas, etc. Et j'ai peur de la loi.

Ils sont comme ceux qui veulent apprendre à nager, mais s'excusent de ne pas entrer dans l'eau en disant : « L'eau est froide, mes habits ne doivent pas être mouillés, je ne dois pas risquer un rhume ».

Ils sont attachés, collés et enchaînés. Ils ne savent pas que l'attachement intéressé est l'origine de tous les maux et de tout malheur. Ils sont aveuglés par les intérêts matérialistes.

De quoi s'occupent-ils ?

Ils s'occupent d'un métier qui leur donne plusieurs pièces de papier imprimé par mois. Ils ne peuvent pas abandonner la chaîne enroulée autour de leur cou, pour devenir des hommes libres, pour avoir la joie de vivre sans chaînes. Quelle compréhension !

Ils sont aveuglés par un intérêt infime et ne peuvent pas voir la montagne immense au sommet de laquelle se trouve le paradis fleuri. Pourquoi ? Parce qu'ils sont formés ainsi par l'éducation sensorielle, sentimentale, professionnelle, ou capitaliste. C'est-à-dire qu'ils ont de mauvaises oreilles sans lobes, des yeux exophtalmiques, un nez gonflé à l'extrémité, ou la lèvre inférieure plus grande que la supérieure.

Après tout, celui qui est malheureux, mécontent ou souffrant, viole ou a violé la Constitution de l'Univers, et est destiné à être un homme muni, à cause de cela, de la liberté infinie dans le futur.

CHAPITRE XII

CAUSERIE EN TROIS PARTIES

Ceux qui n'ont pas besoin d'aller en enfer

(*Causerie* donnée par Monsieur Jack dans une
réunion de « civilisés » s'intéressant au
Bouddhisme).

Mesdames et Messieurs.

Je suis très heureux de vous voir ce soir. Je remercie infiniment
notre président et Madame F. qui m'ont donné cette occasion, mais
je regrette que ma pauvre connaissance linguistique vous donne
beaucoup de difficultés pour me comprendre. Excusez-moi ; je suis
un étranger : étranger à la manière de penser et de s'exprimer dans
votre langue. Dans la nôtre, des notions comme l'article, le temps,
le nombre, le sexe, le mode personnel, etc. n'existent pas. Dans
le langage quotidien familier, on supprime presque toujours le subjectif et l'objectif personnel. De plus, on dit toujours « oui », au
lieu de « non ». Les Occidentaux qui ont vécu des années en Erewhon finissent par apprendre qu'il y a quelquefois un « oui » erewhonien signifiant un « non » occidental.

Je m'efforce, autant que possible, de m'exprimer en français et
à la mode occidentale. Mais il y aura souvent des malentendus

incroyables. Par exemple, vous croyez m'avoir bien compris, parfaitement, et sans aucune faute, mais en réalité, c'est tout le contraire. C'est très ennuyeux. Mais je m'efforcerai de mon mieux.

J'ai visité l'Europe, pour la première fois, en 1914. Ce que j'y vis alors faisait l'objet de mon admiration, de ma stupéfaction, de ma joie et de mon respect. Mais, chose curieuse, il y avait quelque chose d'« incompréhensible ». Cet « incompréhensible » était le manque de philosophie, l'éclipse du jugement suprême, qui affecte l'Occident. Mais, cela va sans dire, j'ai appris, en échange, tant de choses !

En 1929, je revins pour vous offrir en récompense notre philosophie plusieurs fois millénaire, très pratique, très facile à comprendre, indispensable pour établir la paix et la liberté infinies dans la société. C'est notre plus grand, plus précieux et unique cadeau. Mais personne ne me comprit. Personne ne s'intéressait à quelque chose d'invisible. J'ai donc commencé à vous offrir les cultures « visibles » du Japon, tels : l'art de l'arrangement des fleurs, la cérémonie du thé, le judo, l'acupuncture et la moxation des Chinois, au lieu de la philosophie erewhonienne ou du bouddhisme hindou. J'y travaillai de mon mieux jusqu'en 1935. Peu de gens m'ont suivi dans l'étude de la philosophie d'Extrême-Orient. J'ai quitté l'Europe en 1935, dans l'intention d'y revenir pour continuer ma mission.

Vingt et un ans se sont écoulés jusqu'à mon retour, au mois de mars dernier.

A ma stupéfaction, j'ai trouvé de nombreux médecins-acupuncteurs, et des milliers de judokas en France, en Suisse et en Allemagne. Très encouragé et rempli de joie, j'ai recommencé à prêcher le Principe Unique, clef de toute philosophie, essence de toute la science de l'Extrême-Orient, sans lequel on ne pourrait jamais comprendre ni assimiler sa philosophie, sa religion, ni ses cultures, y compris l'Acupuncture, le Christianisme et le Bouddhisme.

Cette fois, beaucoup de médecins et d'intellectuels m'ont écouté, mais, chose étonnante, pas plus qu'il y a 25 ans, personne n'a compris ce Principe Unique, la dialectique la plus ancienne, la plus pratique, la plus facile. Les médecins que j'ai rencontrés appartiennent-ils à une race spéciale ? Je vous serais très reconnaissant si vous pouviez me renseigner sur ce point.

L'état présent de ma pensée est celui-ci : je me sens complètement perdu, stupéfait, bouleversé, ahuri, désespéré. Ma stupéfaction est égale à celle du Dr Livingstone lorsqu'il entra pour la première fois dans la jungle de l'Afrique Noire. Il y a pourtant une différence entre le Dr Livingstone et moi. C'est qu'il fut accueilli chaleureusement et qu'on lui souhaita la bienvenue tout le long du chemin, tandis que je souffre de l'incompréhension et de l'indifférence des médecins que j'ai rencontrés. Ils s'intéressent grandement à la pratique, mais pas du tout à la théorie, comme s'ils étaient sourds à cent pour cent.

Et d'ailleurs, je vois, cette fois, l'inégalité, l'hostilité et l'esclavage dans tous les pays d'Occident, où jadis régnaient l'égalité, la fraternité et la liberté. Ce ne sont que grèves, manifestations, contre-manifestations sanglantes, des centaines et des centaines d'arrestations, des blessés, des meurtres à l'intérieur d'un pays, et, de plus, des guerres, des insurrections, des tueries à l'extérieur, partout... Est-ce l'Occident ? Me suis-je trompé de destination ? C'est la cruauté qui domine. C'est pire que la jungle noire africaine. Le Dr Livingstone n'y a jamais vu telle dictature de la force dite « Loi » ou « Économique ». La stupéfaction du Docteur Livingstone était joyeuse et la mienne est très triste. Le Dr Livingstone était heureux d'avoir réalisé qu'il n'y avait aucun malfaiteur, homme ou animal, dans la jungle noire, mais moi, je suis triste, et je me demande si les « civilisés » ne sont pas de véritables malfaiteurs de naissance, brutaux et cruels.

Je sens l'incompréhension des « civilisés » vis-à-vis de la Vérité, de la Constitution de l'Univers. C'est l'éclipse totale du jugement suprême qui domine ici, en Occident. C'est la force qui est le roi suprême. J'ai lu, il y a quelques jours, dans un journal parisien, le résumé de la conférence d'un grand maître français que j'ai tant estimé depuis des années : André Siegfried. Il dit que « la civilisation occidentale dans le monde est, pourrait-on dire, l'enjeu de la crise actuelle. Mais... tous les pays, quels qu'ils soient, ont adopté nos méthodes mécaniques et industrielles, nos manières extérieures de vivre. Mais ils n'ont pas, pour autant, adopté notre conception de la science désintéressée, ni celle de l'individu, ni notre respect de la liberté, ni notre indépendance critique, ni notre charité chrétienne ». Après avoir énuméré, enfin, les bienfaits de la civilisation occidentale, André Siegfried termine une conférence très applaudie en se demandant « si l'Occident n'est pas en voie de réveiller la Belle au Bois Dormant de l'Orient assoupi ».

Que de belles phrases ! André Siegfried est encore une énigme pour moi !

Nous allons aborder le problème.

Le Bouddhisme est une science. Bien entendu, la science occidentale est très différente de celle de l'Extrême-Orient. Celle-là est recherche, tâtonnement, pour trouver la vérité (La vérité vous affranchira). Mais, comme Henri Poincaré l'a bien dit : « La science occidentale est la recherche éternelle ». Elle ne pourra pas terminer sa recherche, c'est-à-dire qu'elle est éternellement imparfaite. Du Bois Reymond l'affirmait en disant : « Ignoramus, ignorabimus ».

Mais le Bouddhisme, comme science, signifie l'enseignement pratique de la Vérité, la Constitution de l'Univers. C'est-à-dire la science perfectionnée, tandis que la science occidentale n'est que le commencement d'une religion nouvelle. De même, le socialisme, le communisme, l'anarchisme, basés sur la science occidentale.

Le Bouddhisme, ainsi que la Science occidentale, a pour but le bonheur de l'humanité. Mais, en réalité, le Bouddhisme a comme objectif le bonheur éternel, spirituel et la Science occidentale, le bonheur fini, matérialiste.

Les points de départ du Bouddhisme sont « les quatre grands maux physiologiques » et « les quatre grands maux psychologiques ». Le « terminus » du Bouddhisme est la suppression totale de ces huit maux. Il est donc très pratique. Les quatre grands maux physiologiques sont :

La souffrance de vivre (qui commence par la naissance), et la souffrance de la maladie, la tristesse de la vieillesse et la peur de la mort.

Les quatre grands maux psychologiques : souffrance de l'amour, souffrance de la haine, souffrance de la séparation et souffrance du désir non satisfait.

Le Bouddhisme est la méthode qui guérit ces huit grands maux de l'humanité. Le Bouddhisme est la médecine de toute l'humanité. Mais ne confondez pas la médecine bouddhiste avec la médecine occidentale. Celle-ci est tout simplement symptomatique, tandis que celle-là, la médecine suprême, guérit non seulement la maladie actuelle et à venir, mais établit le bonheur éternel, la liberté infinie et la justice absolue.

D'après le Bouddhisme, voici les sept étapes de la maladie :

La première étape de la maladie est la racine de tous les maux. La deuxième, la tige. La troisième et la quatrième, les branches. La cinquième, les ramilles. La sixième, les fleurs. La septième, les fruits. Cela va de soi qu'on ne peut guérir aucune maladie des étapes supérieures sans guérir la plus basse. Plus la maladie est avancée dans ces étapes, plus elle est difficile à guérir.

Tous les maux sont considérés comme une punition correspondant aux crimes commis par le sujet. Celui qui ne peut pas expliquer ce mécanisme punition-crime et par conséquent ne peut sauver le malheureux malade, le trompe par un mot très séduisant : karma. Les malades ne pouvant trouver la cause ultime de leur maladie dans leur comportement ou jugement, sont impuissants à se guérir d'une maladie, si petite soit-elle ; par exemple : faire disparaître une verrue.

Attaquer et détruire le symptôme au lieu de refaire le comportement dans la vie quotidienne, c'est-à-dire le jugement, c'est s'éloigner de plus en plus de la guérison ; on complique et on aboutit à une catastrophe tôt ou tard, sans faute.

Il faut bien noter qu'il n'y a qu'une seule maladie fondamentale : l'ignorance de la Constitution de l'Univers, l'éclipse du jugement suprême produite par l'éducation embryologique, physiologique, familiale, scolaire et sociale.

7e *Maladie spirituelle.*	(Arrogance, exclusivisme, égocentrisme, mauvaise mémoire, précopernicien, etc.)
6e *Maladie psychologique.*	(Dualisme, spiritualisme, matérialisme, etc.)
5e *Maladie des organes.*	(Maladie cardiaque, cancers et ulcères gastro-duodénaux, menstrues irrégulières, asthme, diabète, rhumatisme, cataracte, etc.)
4e *Vagotonie ou sympathicotonie.*	(Arthrite, perte de cheveux, maladie de foie, crampe, cancer du sang, etc.)
3e *Excès de Yin ou de Yang.*	(Vomissement, diarrhée, gastralgie, gastro-entérite, etc.)
2e *Bas jugement.*	(Idiotie, imbécilité, lèpre, épilepsie, constitution paranoïaque, etc.)
1er *Vie indisciplinée.*	(La vie sans discipline, « ni foi, ni loi ».)

Le malheur et la maladie ne font qu'un. Tout malheur provient du jugement suprême voilé. La maladie précède le malheur.

Voilà la supériorité du monisme Mahayana.

Si vous ne croyez pas être responsable de votre maladie, quelle qu'elle soit, vous êtes dualiste. Vous n'arriverez jamais à la solution ou à la guérison. Si votre symptôme disparaît ou se trouve détruit par la méthode symptomatique, ce n'est que transformation ou transfert de la maladie, ou prolongation de l'échéance de votre dette. Ou encore, la fuite du meurtrier vers un pays étranger. Plus votre méthode thérapeutique symptomatique est compliquée, plus votre punition sera grande.

Ceux qui doivent étudier le Bouddhisme. Ceux qui n'ont pas une seule de ces quatre grandes souffrances physiologiques et de ces quatre grandes souffrances psychologiques n'ont aucun besoin d'étudier le Bouddhisme, ni le Christianisme, ni aucune autre religion. Mais ceux qui n'ont qu'une seule de ces souffrances physiologiques ou psychologiques doivent étudier le Bouddhisme à fond et le plus tôt possible. De même, ceux qui veulent prévenir toutes ces souffrances.

Ceux qui souffrent, et vous aussi peut-être, qui êtes gêné par une petite verrue, ou même par un rhume de temps en temps, après avoir lu au moins quelques livres bouddhistes, vous n'avez pas besoin d'aller en enfer après la mort, puisque vous y êtes déjà.

Mais ceux qui n'ont pas connu une seule souffrance, après avoir lutté contre tant de difficultés et en avoir eu tant de tristesse, ont besoin d'aller en enfer.

Ceux qui ont besoin d'aller en enfer feraient mieux de brûler tous les livres classiques sur le Bouddhisme et les statues de Bouddha. Cela leur économisera un peu de charbon. Le charbon manque en ce moment. Si vous êtes collectionneur fervent, c'est autre chose.

Le Bouddhisme comme médecin suprême.

D'après le Bouddhisme mahayana, il y a deux catégories antagonistes d'hommes. Appartiennent à la première, les suivants :

1) Les Non-penseurs, qui ne pensent jamais à l'éternité (ou aux choses éternelles). Chercheurs de facilité (confort, vie aisée, avantage, avidité).

2) Ceux qui ont peur des lois (humaines ou divines) ; ceux qui recherchent l'argent, les relations, les influences, la renommée, les objets d'art, etc.

3) Les Comédiens (jouant un rôle malgré eux).

4) Les Esclaves (ceux travaillant pour vivre, malgré leur volonté).

5) Les Crédules (ceux qui ont toute confiance en des choses dont l'origine et la nature leur sont inconnues).

6) Les Superstitieux (déifiant des choses relatives, la science par exemple).

7) Les Conformistes.

8) Les Malades (tous ceux qui souffrent plus ou moins, non seulement physiologiquement, mais psychiquement, économiquement, etc.).

9) Les Égoïstes (exclusivistes, avares, riches).

10) Les Indifférents (ceux qui ne s'évertuent pas à distribuer tout ce qu'ils ont, en particulier ce qui est indispensable à tous les moments, toute la vie. Cela ne signifie pas nécessairement argent ou pain, mais un sourire, un chant, une parole encourageante, même un petit « bonjour » ou une fleur sauvage).

11) Les Mécontents (ceux qui ont toujours un mécontentement ou un autre).

Appartiennent à la seconde catégorie :

1) Penseurs (qui pensent toujours aux choses éternelles).

2) Chercheurs de difficultés (qui ont toujours quelques difficultés à surmonter, chasseurs de l'impossible).

3) Ceux qui ne redoutent rien.

4) Altruistes (qui distribuent tout ce qu'ils possèdent de plus précieux pour ceux qui en ont le plus grand besoin).

5) Auteurs, créateurs, producteurs, organisateurs (qui font agir les autres comme ils veulent).

6) Hommes libres (qui vivent pour s'amuser, jouir de la vie).

7) Incrédules (qui n'ont confiance qu'en eux, mais acceptent toutes les expériences, pour ensuite en faire la critique).

8) Non-superstitieux (qui s'efforcent de leur mieux pour dévoiler leur jugement suprême).

9) Non-conformistes.

10) En bonne santé (d'après les six Grandes Conditions de la Santé physiologique et psychique. Toujours satisfaits de n'importe quelle condition).

La première catégorie comprend tous ceux qui ne peuvent réaliser tout ce qu'ils veulent. Je les appelle *non-zin* (ceux qui disent beaucoup plus souvent « non » que « oui »).

La deuxième catégorie, tous ceux qui jouissent de la vie en réalisant tout ce qu'ils veulent leur vie entière : je les nomme *oui-zin* (ceux qui disent toujours « oui » et jamais ou presque jamais « non »).

La première est l'homme-animal, la seconde, « Bouddha ».

La médecine suprême (ou bouddhiste) est une méthode qui transforme « non-zin » en « oui-zin », l'homme-animal en Bouddha.

Bouddha signifie un homme libre, heureux et honnête, qui peut faire n'importe quoi. Pour lui, il n'y a ni mal ni bien.

Une nouvelle méthode pour apprendre le Bouddhisme.

Tout notre malheur dépend de notre mauvais jugement.

Celui qui dit que cela dépend des circonstances avoue ne posséder que le jugement bas. Le jugement suprême nous dicte toujours la meilleure et unique façon d'agir quotidiennement.

Si l'on n'aboutit pas au bonheur et à la liberté, en dépit de ses études sur le Bouddhisme ou l'une des grandes religions de l'Extrême-Orient, c'est-à-dire si le haut jugement et le jugement suprême sont voilés complètement, physiologiquement et biologiquement depuis l'enfance ou depuis l'époque embryonnaire, il faut se refaire soi-même physiologiquement et biologiquement et *non pas conceptuellement*, ni sociologiquement, ni idéologiquement. Il faut se refaire complètement. Autrement, tout n'est que palliatif. C'est là le Bouddhisme mahayana qui nous offre une méthode transcendantale. C'est là, la médecine suprême.

Dans ce but, il vous faut étudier : « La Philosophie de la Médecine d'Extrême-Orient ». Lisez-la tranquillement. Vous y apprendrez que la maladie a deux origines : Yin (produit par l'excès de Yin, ou par l'insuffisance de Yang) et Yang (produit par l'excès de Yang ou l'insuffisance de Yin) ; que la cinquième seule des étapes de la maladie est traitée partiellement par la médecine symptomatique ; vous y apprendrez ainsi la véritable cause de la maladie : que les buts de la médecine d'Extrême-Orient sont totalement différents de ceux de la médecine d'Occident ; de même que diffèrent leurs instruments. Vous y apprendrez que la médecine occidentale n'est qu'une destructrice de la sélection naturelle, qui entraînera inévitablement la fin d'une civilisation.

Conclusion :

Pour terminer, je vous présente la classification des médicaments et des médecins d'Extrême-Orient :

Trois catégories de médicaments

Supérieurs. — Ceux qu'on peut employer continuellement pendant des années et des années, même la vie entière sans aucun inconvénient, à plus forte raison sans aucune intoxication ni danger.

Moyens. — Ceux qu'on peut employer de temps à autre ou provisoirement, parce qu'ils sont nocifs.

Inférieurs. — Ceux qu'on ne peut pas employer habituellement, sauf pour quelques cas d'urgence. Ce sont des poisons.

Trois catégories de médecins

Supérieurs. — Ceux qui guérissent non seulement la maladie actuelle et à venir, mais font apprendre comment établir la liberté infinie et la justice absolue.

Moyens. — Ceux qui guérissent la maladie présente.

Inférieurs. — Ceux qui ne guérissent pas, mais détruisent les symptômes par une méthode plus ou moins brutale et dangereuse.

Maintenant je vous laisse le choix.

Si je pouvais rencontrer quelqu'un qui soit décidé à étudier totalement le Bouddhisme à l'aide de ma méthode physiologique, psychologique et logique, j'en serais extrêmement heureux. Je serais à son entière disposition. Je n'y compte pas beaucoup, car je me suis trompé trop souvent. Mais je continuerai ainsi jusqu'à la fin du monde et de ma vie, en cherchant ce quelqu'un parmi les deux milliards et demi d'âmes, parce que j'ai confiance dans le jugement suprême qui me guide.

Ceux qui aiment la laideur

J'aime la laideur, le mal, l'injustice, autant que la beauté, le bien et la justice ;

Je préfère la faiblesse, l'ignorance, la pauvreté à l'intelligence, la force et l'abondance ;

J'aime infiniment plus le malfaiteur, le trompeur, le menteur, que le bienfaiteur qui ne cause pas de déception.

J'admire l'infidèle autant que le fidèle,

J'estime la trahison plus que la loyauté,

J'aime le révolté, le protestataire, beaucoup plus que le non-révolté, l'acceptant.

Ce sont l'inégalité, l'hostilité et l'esclavage que je préfère à l'égalité, la fraternité, la liberté. C'est le chaos que j'admire plus que l'ordre.

Mon amour, c'est d'aimer l'arrogance, l'ingratitude, le non-sens, plus que la modestie, la reconnaissance, le bon sens.

(Êtes-vous d'accord ? Tous ? Sans exception ?).

(Pas une seule objection ?).

(Bon, très bien, je suis très heureux).

Mais je préfère le malheur au bonheur ; la difficulté, et l'impossible, et le désagrément à la facilité, au possible, à l'agréable.

Je les aime, les admire, les estime beaucoup plus que leur contraire, oui, beaucoup, beaucoup plus, oui infiniment et mille fois...

« *Pourquoi ? »*.
Ah, voilà l'ignorant que j'aime tant !
Mais pourquoi non ?
Si je ne les aimais pas beaucoup plus que leur contraire,
    je n'aurais pas de raison d'être en visite ni de séjour-
    ner en Occident.
Si ceux-là n'existent pas, il est impossible que ceux-ci
    existent.
Ils ne sont que les deux côtés d'une même chose ;
Ils sont soit la face, soit le dos l'un de l'autre ;
Ils sont l'intérieur et l'extérieur l'un de l'autre.
Si le dos ou l'intérieur n'existe pas,
Comment l'autre côté peut-il exister ?
Ils sont tous complémentaires l'un de l'autre,
Ils sont le dessus et le dessous l'un de l'autre.
Comment la tête peut-elle exister sans les pieds ?
Ce que j'aime, c'est le dos ou l'envers qui supporte la face
    ou le visage que l'on aime tant.
Aimeriez-vous votre femme belle de face, laide de dos ?
« *Oui* » ? *Alors vous aimez un masque.*
Aimeriez-vous votre mari parce qu'il est aimable ?
Alors votre mari sera aimé par beaucoup d'autres femmes,
    comme vous l'aimez.
Alors la compétition d'amour est inévitable.
Il les aimera lui aussi comme vous aimez l'aimable.
Vous ne le savez pas ? Quel malheur !
Il y a tant de concours de Beauté ! Miss America, Miss
    France, Miss Afrique, Miss Univers...
Méfiez-vous ! C'est la manifestation ou auto-réalisation du
    désir le plus fort du subconscient de l'homme, animal
    avide et fou, simple et brutal, avide de beauté
    superficielle.
Méfiez-vous ! Il y a tant de salons de beauté à Paris !
Et des cliniques spéciales, où les magiciens transforment

votre nez pas très élégant, gonflé à l'extrémité, en un
beau nez ; ou suppriment les poches noirâtres ou vio-
lacées sous vos yeux ;

Toutes les femmes deviendront de plus en plus belles.
   Le monde deviendra un immense champ fleuri,
Et votre mari qui n'est en réalité que la réincarnation d'un
papillon très capricieux s'en ira de loin en loin, visi-
tant ces fleurs sans nombre l'une après l'autre, et échan-
geant des mots très doux avec chacune.
Il ne vous reviendra jamais, il ne pense même plus à vous,
trop attiré, trop occupé de belles fleurs innombrables.
J'aime, moi aussi, la beauté.
J'ai tant aimé, avec acharnement, jadis.
Oui, j'aimais la beauté à tout prix.
Même, j'ai lutté pour la beauté.
Mais j'ai appris que la beauté humaine (à plus forte raison
la beauté artificielle) n'est, sans exception, que le com-
mencement de la laideur, ou le masque de la tragédie
à venir.
La beauté apparente, c'est l'hameçon que le pêcheur le plus
méchant ou le plus sage met à sa ligne pour prendre
les ignorants, les avares, les brutaux, les ingrats, les
arrogants, autrement ce monde du silence serait rem-
pli de trop de bruits, ou cet étang de carpes serait sur-
peuplé. C'est pourquoi vous devez éprouver tant
d'amertume et de tristesse dès que vous avez accaparé
une beauté, une belle position ou un beau nom, et ce,
sans exception.
Je vous recommande d'aimer la laideur, l'ignorance,
l'impuissance, la pauvreté, la malfaisance, l'insuffi-
sance, la trahison, le non-sens, l'ingratitude et la tris-
tesse, parce qu'ainsi vous ne pouvez vous tromper, vous
ne pouvez qu'aboutir à la beauté, l'intelligence, la
liberté, la puissance suprême, la gratitude infinie et la
justice absolue.

Pourquoi je reviens si souvent en Europe ?

Pourquoi j'aime tant l'Occident ?

Vous l'avez bien compris.

Dans ce monde, il n'y a que l'inégalité, l'hostilité, l'esclavage,

Il n'y a que la guerre, les manifestations, les grèves, contre-manifestations sanglantes et brutales.

J'admire ces pauvres femmes qui luttent pour la beauté tragique :

J'admire ces étudiants et ces étudiantes de la soi-disant « vérité », simili-vérité qui leur garantit l'esclavage, la mobilisation, la mort en masse, comme à Verdun...

Vous ne pouvez imaginer combien j'adore ces hommes d'affaires, ces industriels, ces commerçants, ces politiciens, ces ingénieurs sans nombre qui sont eux-mêmes hameçons de leur corps pour pêcher le plus grand poisson : beauté, réputation, force ou connaissance scientifique.

C'est amusant,

C'est très amusant,

Cela vaut la peine de vivre,

La réalité dépasse la fiction, le cinéma,

C'est gratuit, vous pouvez en jouir jour et nuit,

De plus, vous pouvez vous-mêmes y jouer le rôle que vous aimez,

Oui, vous êtes un acteur de premier ordre, soit en tant que héros ou héroïne, soit comme utilité.

Je vous aime, la belle comme le méchant,

Je vous admire, l'intellectuel comme l'ignorant,

Je vous apprécie, l'ami comme l'ennemi,

Surtout ce dernier beaucoup plus que le premier,

Puisque je ne puis jouer si merveilleusement le rôle de ces derniers, néanmoins je suis en réalité beaucoup plus méchant, plus ignorant, plus orgueilleux, plus laid, plus malhonnête qu'eux.

C'est dire que je suis le plus laid, le plus malhonnête, le plus

pauvre, le plus ignorant, le plus mauvais, le plus stu-
pide du monde.

J'aime la beauté sensorielle,

Mais j'aime la laideur beaucoup plus que la beauté senso-
rielle ; le faible, le malade, l'ignorant beaucoup plus
que le fort, le bien-portant, le sage.

J'aime le malfaiteur, l'ingrat, le voleur, l'assassin.

C'est pourquoi je suis si heureux.

Il n'y a rien à haïr, rien à attaquer, rien à détruire,
J'aime tout.

Ce monde, surtout l'Occident, est plein de ce que j'aime.

Suis-je le prince le plus aimé ?

Suis-je le malfaiteur le plus détesté ?

Je l'ignore.

Mais le fait que je sois heureux dépasse la réalité.

Je me sens plus heureux si je suis haï, détesté, méprisé, atta-
qué... ridiculisé...

Je suis heureux puisque je ne vois rien à détester, rien de
désagréable, rien de lamentable, puisque le monde est
comblé de tout ce qui est nécessaire, rien ne me
manque.

J'imagine que pour n'importe quel multi-milliardaire occi-
dental, il existe une ou deux ou plusieurs choses qu'il
ne peut aimer à tout prix : l'hypertension, une verrue,
ou un fils mongolien, ou une menteuse chez lui...

Moi je voudrais les avoir, je voudrais même les acheter à
un prix assez élevé, puisque c'est avec grand plaisir que
je les guéris. Je sais et peux les convertir.

La joie finit en tragédie, la beauté en laideur... le bonheur
en malheur, c'est la première loi de l' « Ordre de
l'Univers ».

Tout commencement a une fin, et le commencement et la
fin sont antagonistes complémentaires toujours.

Le témoin, c'est l'Histoire.

Lorsque j'ai lu « Le Portrait de Dorian Gray » d'Oscar
      Wilde, une ligne m'a surpris.
« Je suis heureuse ».
C'est la parole d'une fille.
Dans ces mots, j'ai senti quelque chose qui me choquait.
Elle est aimée de Dorian Gray. Et elle dit : « Je suis
      heureuse ».
Ce bonheur, me demandai-je, est-il le bonheur lui-même,
      pour elle seule ? Un bonheur causé par une seule per-
      sonne n'est pas le véritable bonheur, cela incite les
      autres à la jalousie et se transforme tôt ou tard en
      tragédie.
Le bonheur occidental, c'est donc le malheur des autres ?
Ce n'est pas le bonheur erewhonien.
Je comprends aujourd'hui, quarante ans après la lecture du
      « Portrait de Dorian Gray », que le bonheur occiden-
      tal est le malheur erewhonien.
Voilà pouurquoi il y a tant de malheurs et tant de crimes
      en Occident, la guerre, les impôts, la mobilisation, les
      gangsters...
Voilà pourquoi j'aime l'Occident, moi qui aime les diffi-
      cultés, les plus grands désagréments, comme un étu-
      diant aime les exercices mathématiques les plus
      difficiles.
Je vous aime, mes chers « civilisés »,
Vous êtes beaucoup plus cruels, plus sages, plus ignorants,
      plus ingrats et plus impolis que les « primitifs ».
Je suis fou des « civilisés »...
Les extrêmes s'attirent : les « civilisés » et les « primitifs ».
Tout est réciproque, tout est complémentaire dans ce monde
      relatif.
Les « civilisés » aiment aussi les « primitifs ,
Ils échangent leurs cadeaux...
Les uns offrent des coquilles, des pierres, du thé, du café,

du tabac, des fruits, la peau du cadavre d'un animal,
et des perles ; ils n'ont pas autre chose.
Les autres offrent des liqueurs, le cinéma, des produits de
beauté, des pistolets, des bombes, des instruments
meurtriers.
Les Noirs et les colorés d'avant-garde sont heureux avec des
produits de beauté, du rouge de manucure.
Les Blancs sont contents : de la peau d'un cadavre ou d'un
collier de coquillages, d'une curieuse façon de fumer,
des fruits tropicaux qui nourrissent et fortifient la
« mentalité primitive », et de la paresse qui ne travaille
pas la terre (puisqu'ils sont les enfants héritiers de la
grande richesse de la Nature).
C'est l'échange libre entre le paon et le corbeau.
C'est amusant à voir.
La réalité dépasse la fiction.
Regardez la scène.
Le rideau est levé.
C'est la scène la plus amusante, la plus passionnante, la plus
saisissante de la tragi-comédie que nous allons voir :
la chute d'une grandiose civilisation.
Silence, s'il vous plaît.
Ôtez vos chapeaux.

LA LANGUE EREWHONIENNE

D'après Du Bois Raymond, l'origine du langage est une des sept grandes énigmes. En ce qui concerne la langue erewhonienne, notre étranger nous a donné un aperçu de son origine et de sa grammaire, au cours d'une causerie à laquelle assistaient des linguistes européens, et ce dans les termes suivants :

Il m'est extrêmement difficile de me faire comprendre dans l'une des langues des « civilisés ». Pourquoi ? Primo, l'erewhonien est une langue de l'au-delà, qui n'a aucune identité avec ce monde relatif, fini. Secondo, toute traduction des mots correspondants est, par conséquent, infidèle, parfois contradictoire, parfois entièrement différente.

Tout d'abord, comme nous l'avons dit dans l'avant-propos, n'existent dans notre langue, ni l'article, ni le mode personnel, ni le temps, ni le sexe, ni le nombre, ni le subjectif, ni l'adjectif.

De plus, il n'y a aucune différence entre « Oui » et « Non ». La conversation usuelle erewhonienne est donc extrêmement facile à apprendre. Peut-être, si vous êtes un très fort linguiste, pouvez-vous l'apprendre en une heure. C'est aussi facile que le langage des enfants. Une seule difficulté dans la langue erewhonienne, l'expression de politesse (de raffinement, de délicatesse, de sentimentalité ou sensibilité intellectuelle, sociale, idéologique et spirituelle). C'est dû à un « sens » tout à fait erewhonien : le sens ou la sensibilité de honte et le sens de péché qui n'existe pas dans les langues occidentales.

Plus on est raffiné, intellectuel, délicat, plus on en a besoin pour s'exprimer.

Cette diction est élégante, agréable et tranquille. Toutes les femmes l'emploient, de même qu'une minorité masculine.

Je n'ai jamais rencontré un seul Blanc qui ne se trompât dans cette expression, même après vingt ans d'études et plus, et même s'il avait épousé une Erewhonienne.

Un Français du nom de Combarieu, critique musical, dit : « Nous avons la musique la plus superbe sur cette planète, mais celle de l'Inde est la musique du ciel ». Un expert linguistique de l'Occident disait un jour, après avoir étudié la langue erewhonienne jusqu'au fond : « L'erewhonien est une langue de l'au-delà, peut-être celle du Royaume des Cieux ».

Nous n'avons pas la notion du temps, puisque nous vivons dans l'éternité. Nous n'avons pas ni « vous » ni « je », ni « nous », ni « il », ni « elle », ni « ils », etc. A plus forte raison « votre », « notre », « nom », « ton », etc. Puisque nous avons l'égalité complète, la fraternité absolue. Vous êtes moi. Moi je suis vous. Le mien vous appartient. Le nôtre est à toute l'humanité. Nous sommes Un. Il est extrêmement honteux de dire « mon » ou « notre » ; avoir une notion de possession est considéré comme « pitoyable ». « Votre » ou « son » signifient un mépris.

Une expression telle « votre Majesté », « notre roi », etc., est choquante, bizarre, ridicule pour nous. De même « votre chapeau », « ma voiture », etc. « Votre femme » marque un mépris à cent pour cent. La « femme » ne peut pas être considérée comme une propriété. De même l'article qui définit le propriétaire.

Je dis toujours en français : « Comment va Madame A. ? » mais jamais « Comment va votre femme ? » Ceci même avec difficulté, puisque « ma » de « madame » me choque.

Si, dans un cas, l'on dit en français : « Vous avez votre chapeau sur la tête, avez-vous oublié de l'ôter ? », cela nous paraît ridicule, impoli, scandaleux. En erewhonien, je dirai « chapeau sur tête, oublié ? ». Si je dis « votre chapeau », cela signifie : « Vous avez votre chapeau, pas son chapeau ni mon chapeau, donc aujourd'hui vous n'êtes pas voleur ». Donc il peut être voleur, ou il était autrefois voleur. De même « le chapeau ».

De même, on ne dit pas : « Oh, vous êtes ici ». Mais : « Être ici » ou bien : « Vous ici ». « Êtes » ainsi que « suis », « sommes », « est » et « sont » sont tout à fait inutiles. Être est être. Telle distinction est une expression de l'exclusivité. L'exclusivité est égoïste. L'égoïsme est la cause de tous les maux.

Le Japonais, le Chinois et l'Erewhonien sont semblables.

Il n'y a aucune notion de possession ni, à plus forte raison, de monopolisation. Il n'y a donc aucune querelle. La distinction (ou la détermination) est le commencement de toutes les discussions.

Chaque jour ma femme est choquée lorsqu'elle entend parler quelqu'un. Elle me demande souvent : « Se querellent-ils ? » ou « Qu'y a-t-il ? Quelqu'un est tué ? ». « Que me veut-elle ? » « Ai-je commis quelque crime ? J'ai peur... » Parce qu'elle est habituée à la diction erewhonienne élégante, taciturne, raffinée, délicate et agréable. Tout le monde parle trop fort ici en Occident. Trop fort. Je me demande, et ma femme encore plus, si la plupart des gens sont sourds.

On dit que plus de 15.000.000 de personnes ont l'ouïe mauvaise aux États-Unis. Ici aussi, plus de 4.000.000 seraient dans la même situation ? C'est très naturel avec une alimentation si anormale. Chez nous on a l'ouïe très fine, un peu meilleure que celle du chien. On entend le vent qui passe de l'autre côté de la colline, et on comprend la parole des oiseaux dans la forêt lointaine...

Plus on a le jugement élevé, moins on a besoin de discuter. Le jugement suprême n'a aucun besoin de questionner. La littérature d'un auteur doué du jugement suprême est très simple, très courte et explicite. La peinture de même. La poésie est le bijou de la littérature. Nous avons dit plus haut, au chapitre « Romain Rolland », que la poésie la plus appréciée et la plus populaire au Japon, le « Tanka », ne contient que 31 syllabes en cinq phrases. Et la poésie la plus pénétrante et la plus philosophique, ou « Hâiku », 17 syllabes, en trois phrases. C'est la forme la plus typique de la langue japonaise. En voici un exemple :

> « *Asagao ni*
> *Turubé torarété*
> *Morai-midu* ».

Traduction mot-à-mot : « (La) gloire du matin atteignit le petit seau ; (je dois aller) demander de l'eau au voisin ».

C'est un poème composé par une Japonaise, Tiyo Kaga, il y a une centaine d'années. Elle habitait une maisonnette dans un petit village. Chaque maison ou maisonnette a un puits au fond du jardin où croissent de nombreuses fleurs. La gloire du matin est une plante grimpante très aimée qui donne de belles fleurs en été.

Un matin frais et tranquille, la jeune Tiyo se lève la première (à l'inverse des Françaises), une ou deux heures avant le lever du soleil, comme toujours. Elle sort dans le jardin et va d'abord au puits prendre de l'eau pour sa toilette, la lessive, le nettoyage et la cuisine.

Ce matin-là, elle trouve, près du petit seau qu'elle avait laissé la veille près du puits, une belle fleur de la plante grimpante, toute blanche, qui tranchait dans la demi-obscurité du petit jour. Elle l'admire. « Oh, qu'elle est belle », murmure-t-elle et, longtemps, elle la regarde. Puis, elle va vers la maisonnette voisine, pour demander de l'eau, pour ne pas séparer la fleur grimpante du seau. Comme il n'existe pas d'autre source lumineuse dans sa maisonnette, elle fait sa lecture devant le feu où cuit le blé ou le riz, non décortiqués.

Ce jour-là, dans un cahier fabriqué par elle, elle écrivit à l'aide d'un fusain trouvé dans le four, le poème qu'elle avait composé. Ce poème est éternel.

La causerie de Monsieur Jack durait depuis plus de trois heures, quand, soudain, il cessa de parler. Il avait probablement retrouvé l'incompréhension totale des « civilisés », ou sa causerie était trop longue, ou trop spécialisée dans l'étymologie. Que le lecteur m'excuse de n'en pas transcrire davantage.

CHAPITRE XIII

APRÈS LA CAUSERIE

Un jeune docteur

— Ce n'est pas la peine de donner une causerie dans un cercle comme celui-là, dit le jeune docteur en conduisant sa belle voiture à côté de Monsieur Jack.

— C'est vrai ?

— La majorité est composée de vieux messieurs et de vieilles dames. Ils ne comprennent rien. Ils ont des loisirs. Ils fréquentent divers cercles par curiosité. Ils n'ont aucun but, ils viennent ici pour passer le temps. C'est tout, rien de plus.

— C'est donc perdre du temps que de leur parler ?

— Parfaitement. Il faut que vous vous adressiez à la jeunesse intellectuelle, savante et sérieuse...

— Y a-t-il quelques groupes de jeunesse, sérieuse et savante ?

— Oui, mais oui.

— Je serais très désireux de voir un tel groupe... Je cherche la jeunesse, ou plutôt une douzaine de jeunes savants qui s'intéressent à la philosophie d'Extrême-Orient.

— En tout cas je viendrai à Paris, et je vous aiderai...

Ce jeune docteur, dont le nom est M., était venu, de loin, ce même après-midi, voir Monsieur Jack pour la première fois. Il l'avait accompagné jusqu'à la Société des Amis du Bouddhisme, et avait attentivement écouté la causerie de l'Erewhonien.

Il s'était présenté lui-même au conférencier en ces termes :

— Je vous connais depuis neuf ans. J'étais à cette époque étudiant à la Sorbonne. Un jour, j'ai trouvé par hasard votre premier livre : « Le Principe Unique ». Je l'ai lu, mais ne l'ai guère compris. Cinq ans se sont écoulés avant que je le relise. Depuis quatre ans je vous ai cherché partout... et c'est avant-hier que j'ai su votre adresse par Madame W.

— Ah, Madame W. ? Et vous êtes spécialisé ?

— Je fais la chirurgie et la médecine générale, et je suis installé dans une petite ville à 150 km au sud de Paris. Mais j'ai tout abandonné. Je cherche un acheteur pour mon installation. J'ai gagné assez d'argent pour vivre quelques années en m'occupant uniquement de l'étude approfondie de la véritable médecine. Je vais commencer mon pèlerinage... Je vous suivrai n'importe où vous irez...

— C'est vrai ? Mais...

— Cela ne vous convient pas ?

— Si, c'est très intéressant. Mais j'ai vu beaucoup de jeunes gens comme vous. Ils m'avaient tous promis d'étudier la médecine et la philosophie d'Extrême-Orient, à fond. Chose curieuse, ils ont tous disparu à mi-chemin... Je n'ai aucune confiance en vous ni dans la jeunesse de n'importe quel pays, mais vous avez, cela va sans dire, toute liberté de me suivre. Je suis tout à fait à votre disposition. J'espère que vous vous emparerez de tous mes grands secrets. Je ne vous souhaite rien de plus...

— Je vous suis avec acharnement, j'ai lu d'ailleurs tous les livres du maître Suzuki...

Dans la voiture allant vers Paris, ils continuent de parler.

— Bon, vous êtes plus jeune que mon fils aîné, et vous avez encore cinquante ans à travailler ; vous êtes très heureux. Mais en quel mois êtes-vous né ?

— Le 2 août 1924.

— Ah, vous êtes né au mois d'août... Et vous êtes le fils aîné, n'est-ce pas ?

— Non, je suis fils unique...

— Alors, vous êtes le fils aîné et le dernier...

— Cela ne va pas ?

— C'est très mauvais, il y a très peu de possibilité que vous réussissiez dans la vie... Vous aurez tant de difficultés, d'après votre physionomie...

Monsieur Jack parlait d'une voix très basse, je ne sais pas pourquoi. Le jeune docteur n'a pas pu l'entendre nettement.

Il y avait tant de trafic sur la route.

Dans la voiture de retour se trouvait un enfant de six ans, le fils du docteur. L'Erewhonien l'examina avant de quitter la voiture, devant la maison de Madame T.

— Il a beaucoup d'enzymes dits « aneurinases », qui détruisent toutes les vitamines B1 dans les intestins... Voilà le commencement de vos difficultés... Cet enfant sera bientôt victime de la polio... murmura-t-il.

Et il quitta la belle voiture du Dr M. pour gagner la maison. La voiture disparut bientôt dans la nuit noire.

Devant la porte, Monsieur Jack se retourne et voit la direction où la voiture a disparu, et il murmure...

Combien de fois j'ai été trompé... encouragé, enthousiasmé et enfin désappointé... par une rencontre avec un tel jeune homme... Plusieurs centaines de fois... tout le long de ma vie, cela continue... sans fin.

...Quand viendra celui que je cherche... à travers d'innombrables difficultés et aventures ?... Ma vie est une spéculation permanente...

Est-ce inutile ?...

Oui, c'est tout à fait inutile. A quoi bon sauver l'homme qui fait de son mieux pour se tuer ?

Mais il n'y a rien de plus captivant.

C'est sûr. C'est sûrement intéressant d'en prendre quelques-uns parmi les deux milliards et demi de ces êtres souffrants, malheureux...

Mais c'est inutile. Si j'en sauve un million, dans toute ma vie, il y a encore deux milliards et quatre cent quatre-vingt-dix-neuf millions d'âmes angoissées.

Avarice, égoïsme, ambition et volonté acharnée pour gagner de l'argent, désir de confort, plaisir sensoriel, exclusivité à tout prix... Producteurs de différends, de querelles, de guerres de plus en plus cruelles... De Verdun à Okinawa... à Hiroshima et Nagasaki...

Quelle tuerie, quel suicide ! Sont-ils fous, ces « civilisés » ? Sont-ils « condamnés incurables » ? Sont-ils vraiment les plus grands malfaiteurs qu'on ait jamais vus jusqu'ici ?

Personne ne peut, ne pouvait sauver ces « civilisés ».

Au contraire, ceux qui le voulaient ont été crucifiés, cloués sur la croix, empoisonnés, brûlés ou exilés.

Tous ceux qui sont couronnés dans ce monde sont ceux qui ont apporté une contribution plus ou moins importante au développement de l'avarice, du confort, du plaisir... et de la tuerie...

Edison, inventeur de milliers d'instruments, eut des remords profonds à l'âge de 80 ans. Eastman en sa vieillesse se tua, dans son château moderne de Kodak City (Kodakville), ville qui s'enorgueillit d'Eastman Park, Eastman Théâtre, Eastman Museum, Eastman Institut... la ville de 600.000 habitants, tous esclaves ou vassaux du roi Eastman, leur exemple, leur modèle, leur patron.

Nobel, inventeur de la plus grande machine chimique meurtrière, n'a pu emporter toute sa fortune avec lui pour son voyage dans l'au-delà. Il fut obligé de laisser toute sa fortune à ceux qui utilisent sa propre invention. Quelle honte, quelle déception, quel malheur de recevoir un Prix « Nobel-le-Grand-Meurtrier », pour une œuvre quelconque, prétendue utile au progrès de la science, ou « pour la paix de l'humanité », mais en réalité « utile pour le plus grand massacre », ou « utile pour la chute de l'humanité » (le confort ou le plaisir sensoriels)...

Le Dr A. Carrel, qui détestait le confort et tous les plaisirs du monde dès son enfance, avait commencé une véritable révolution intellectuelle, qui n'aboutit qu'à une morale mystique démodée...

Cronin, révolté à ses débuts et écrivant « La Citadelle », devint un simple romancier un peu religieux (« Les clefs du Royaume des Cieux »).

Lindbergh et sa courageuse femme, coureurs de risques au commencement, sont devenus chercheurs de passe-temps.

Pearl Buck, Jaspers, Heidegger, Jacques Maritain, Upton Sinclair... on vend leurs pensées démodées en première édition...

Je suis distributeur, depuis le commencement jusqu'à maintenant, d'un compas universel garantissant la bonne orientation à tous ceux qui en sont munis. Bienfaisant-malfaisant, il est extrêmement utile, nécessaire et indispensable à chacun. Il oriente vers la liberté infinie, le bonheur éternel et la justice absolue, où le plus grand malfaiteur dévoile sa nature : le plus grand bienfaiteur ; où le plus grand bienfaiteur de ce monde montre sa réalité : le plus grand malfaiteur, et se repent pour la première fois, puisque celui qui « se croit bienfaiteur » ou « très beau » est le plus malfaiteur ou le plus laid, et tous les deux entrent dans la liberté infinie la main dans la main. Tout le monde ne peut que l'accueillir avec le plus grand plaisir.

Je ne suis pas, je ne peux pas être un romancier qui répète la même histoire, ni un producteur qui reproduit le même scénario, chacun avec un nouveau titre.

Je dois offrir le Principe Unique, ce compas universel, le plus simple en construction, le plus facile à lire, le plus pratique pour un bienfaiteur ainsi que pour un malfaiteur, le plus ancien et en même temps le plus moderne... toute la vie, sans en changer la dénomination.

Allons. Bon ! Continuons.

Toutes ces réflexions passaient dans la tête de Monsieur Jack comme un éclair.

« A chaque jour suffit sa peine... », murmura-t-il, « Tout le monde est heureux, sinon c'est dû à son jugement suprême voilé. Il n'y a qu'à le dévoiler »... « et pour dévoiler ce jugement suprême, on n'a qu'à donner un coup d'œil sur ce compas universel dit le Principe Unique... ».

Il ouvrit la porte et entra dans la maison.

CHAPITRE XIV

DES AVENTURES SANS PAREILLES

Monsieur Jack entra dans le monde des « civilisés » audacieusement et courageusement, conscient de tout le danger qu'il y risquait, absolument comme Lawrence en Arabie, le Dr Livingstone en Afrique Noire, ou comme Lindbergh dans son « Spirit of St-Louis » pour traverser l'Atlantique.

Dix mois passèrent très paisiblement en parcourant plus de vingt mille kilomètres. Le danger que risquaient Livingstone, Lawrence, et Lindbergh était imaginaire cent pour cent. Mais celui de Monsieur Jack est réel, parce qu'il attaque le roi tout puissant et cruel dit « Économique ».

En Afrique Noire, Livingstone ne rencontra que des indigènes honnêtes et hospitaliers qui l'accueillirent bien et le soignèrent comme un Dieu Blanc, jusqu'à sa mort. Aucun animal ne l'attaqua. Livingstone put continuer son exploration géographique, jusqu'au dernier jour, en employant des Noirs pendant des années et des années, en enseignant le Christianisme déformé et transformé, la fameuse « charité chrétienne » et en substituant au « tabou », médecine suprême des primitifs, la médecine symptomatique, magie noire. Et sa carte géographique lui facilita la colonisation de l'Afrique Noire. En réalité, les Blancs dits « Civilisés » étaient des vassaux enchaînés du Roi du « Jugement Noir » dit « Économique », tandis que les Noirs dits « Primitifs » étaient des enfants de Dieu accueillant les « pauvres voyageurs étrangers » et donnant à ces malfaiteurs, la source de leur propre vie : la terre.

Mais, en Occident, c'est tout le contraire.

Les « Civilisés » ne donnent aucune aumône, aucune offrande, pas même un seul collier de fleurs aux voyageurs pauvres ou bienfaiteurs.

Ils dépouillent les voyageurs autant que possible comme des bandits ou des pirates ; les propriétaires d'hôtels majorant les tarifs officiels, les douaniers demandant trois fois trop pour un visa d'entrée, etc.

Chose encore plus étonnante, cette tendance à la piraterie est plus accentuée parmi les riches intellectuels et industriels. Monsieur Jack a donné des leçons particulières de sa médecine d'Extrême-Orient à une soixantaine de médecins très riches, et en a soigné quelques-uns, ainsi que des membres de leur famille...

Il a payé tous les frais de transport, taxis et métro, et passé de très nombreuses heures. Mais il n'a reçu aucun don en récompense, sauf une seule fois. Les médecins sont les plus méchants bandits. Ils accueillirent l'Erewhonien comme un de leurs clients ingrats, peut-être. La médecine occidentale n'est qu'un métier. Il y a des médecins fort curieux : ils dénoncent anonymement l'étranger à la Préfecture de Police comme exerçant illégalement la médecine.

Quels médecins ! Mais ils ne sont pas les vrais criminels. Pas du tout ! Les vrais responsables, ce sont d'abord l'éducation universitaire, ensuite tous ceux qui dépendent d'une telle médecine.

Les médecins diplômés par le gouvernement (bandit), et gradués de l'Université (qui enseigne à 100 % le contraire de la Vérité) ont le droit de tuer et d'exploiter des pauvres malades.

Les vrais sauveurs-guérisseurs sont nés de leur existence même.

Après tout, c'est une grande aventure, pour un étranger, d'enseigner une médecine étrangère ou le jugement suprême en Occident et dans les pays colonisés par les « civilisés ». S'il n'est pas emprisonné, il doit mourir de faim.

Mais, de plus, cet étranger attaque et ridiculise la fabrication et la distribution du sucre, de tout ce qui est sucré, de tout ce qui est coloré chimiquement, tous les produits pharmaceutiques, tous les produits hors de saison, exotiques, conservés ou primeurs. Si tout le monde le comprend, toutes les usines alimentaires, tous les grands restaurants, toutes les compagnies pharmaceutiques, toutes les pharmacies, tous les fabricants de gâteaux feront faillite.

Combien de lettres non signées, dénonçant le crime de cet Erewhonien, arriveront à la Préfecture de Police ?...

L'Erewhonien doit traverser tant d'aventures invisibles !

CHAPITRE XV

LES « INCURABLES »
ET LA MÉDECINE SUPRÊME

(Causeries sur l'éducation donnée par l'Erewhonien)

Les pauvres condamnés dits « incurables » par la médecine symptomatique sont tous « curables » pour la médecine suprême. En réalité, tous sont « incurables » pour la médecine symptomatique puisqu'elle ne guérit pas une fois pour toutes. Les médecins qui pratiquent la médecine symptomatique souffrent eux-mêmes d'une maladie ou d'une autre.

Le but de la médecine suprême est de sauver, non seulement ceux qui sont déclarés « incurables » par la médecine symptomatique et les médecins malades eux-mêmes, mais « ceux qui n'ont pas besoin d'aller en enfer après la mort » (puisqu'ils y sont déjà), c'est-à-dire ceux qui ont des souffrances, des soucis, peur ou peine en permanence ou par intermittence, et ceux qui veulent emprunter le jugement des autres ou cherchent quelques remèdes magiques au lieu de se soigner eux-mêmes et d'être leur propre médecin comme tous les animaux sur cette planète.

La maladie la plus difficile à guérir pour la médecine symptomatique est la maladie la plus facile pour la médecine d'Extrême-Orient. Mais il y a quand même une maladie très difficile à guérir pour la médecine suprême : l'incompréhension.

Arrogance, égoïsme, exclusivisme, dualisme, y compris spiritualisme, matérialisme, athéisme, crédo de quelques vieilles religions (ou d'une nouvelle religion en formation, dite « Science »), révolte contre tout, dadaïsme, mysticisme, puritanisme, mensonge, exploitation, scepticisme, etc., sont tous des symptômes de cette maladie de la compréhension.

Tous ceux qui cherchent le bonheur, la liberté limitée, la justice relative ou la force relative et qui sont satisfaits, sont tous atteints de cette maladie.

Tous les querelleurs sont malades dans leur compréhension.

Ils sont aveugles, leur jugement étant plus ou moins voilé.

Quelle est la cause ultime de cette maladie de la compréhension ? Voilà le problème le plus important pour la médecine d'Extrême-Orient.

J'ai soigné une soixantaine de médecins occidentaux dans mon court séjour. Ils sont tous diplômés. Ils ont le droit de soigner et de gagner de l'argent. Ils sont très riches. Mais ils n'ont pas le droit de se soigner eux-mêmes. Ils n'ont pas le droit de traiter leurs femmes et leurs enfants. C'est formellement interdit par la loi de la compréhension.

Si je m'occupais de ces médecins-malades, et si je réussissais à les guérir, je serais toujours humilié très profondément, puisque je n'aurais pas pu guérir la maladie de leur compréhension.

D'où vient cette maladie de la compréhension ?

Elle vient de l'éducation familiale, scolaire et sociale.

Les animaux, ainsi que les « primitifs » qui ne sont pas enseignés dans les écoles, ont tous le jugement suprême tout à fait dévoilé : l'instinct.

Mais qui a inventé l'éducation ?

L'éducation a été inventée par ceux qui n'ont que le jugement bas, la compréhension malade.

Alors, le bas jugement existe depuis le commencement ?

Oui, le commencement de notre vie biologique, physiologique dans ce monde relatif, fini et éphémère, est le jugement le plus bas, mécanique ou aveugle, comme vous voyez chez un bébé. Le jugement parfait se développe ou se dévoile de bas en haut tout le long de la vie. Mais la majorité des hommes demeurent à la deuxième ou à la troisième étape du jugement, et seule une minorité atteint la quatrième ou cinquième. Il est rare qu'on aboutisse à la sixième, et encore plus rare à la septième. Cela dépend de l'éducation.

Une nouvelle éducation ?

Oui, une nouvelle école qui, tout d'abord, doit être une école physiologique, biologique et logique. Cela commence au moins vingt ans avant le premier jour de la conception. C'est-à-dire par l'éducation de jeunes filles qui veulent donner naissance à un enfant, qui deviendra lui-même plus tard le plus grand médecin de la maladie de la compréhension.

Dès la naissance, cet enfant doit être formé par la nouvelle éducation, la Constitution de l'Univers, antagoniste de l'éducation actuelle.

La nouvelle éducation ne doit donner aucune leçon pareille à celles qu'on donne dans l'éducation actuelle, puisque celle-ci empêche le développement naturel du jugement suprême.

La nouvelle éducation laisse le plus possible l'enfant aux mains de la nature. Elle l'exposera à la chaleur, à la faim et au froid autant qu'il peut le supporter.

La mère et le père doivent montrer le bon exemple comme hommes libres, heureux, braves, honnêtes, travailleurs, productifs, créatifs et tout à fait indépendants.

Ils doivent vivre une vie tout à fait en accord avec la Constitution de l'Univers. La nouvelle éducation est une éducation pratique et théorique de la Constitution de l'Univers. Ni texte, ni cahier ne sont nécessaires, ni explications, ni mémorisation, ni examens en classe.

A partir de 15 ou 16 ans, l'enfant doit être indépendant, autonome. Il ne doit pas recevoir la protection de ses parents, à plus forte raison aucun privilège familial ou social.

Une telle éducation ne sera pas très bien accueillie dans la société présente. Tant mieux. Plus rare, plus demandée.

Plus développée est l'éducation moderne actuelle, plus elle engendre de maux et plus de guerres. *Elle est une industrie qui fabrique des esclaves en masse.*

Si l'éducation nouvelle ne peut exister, il y a toujours un enfant entre mille qui ne peut pas recevoir l'éducation actuelle. Il y en aura au moins un million dans le monde. Et beaucoup parmi eux reçoivent l'éducation naturelle de la faim et du froid. On n'a qu'à attendre qu'un de ces pauvres enfants devienne un Jésus ou un Lao-Tseu, ou un Bouddha.

Il ne faut pas les aider ni les protéger, ni spirituellement, ni surtout matériellement. La plus grande difficulté construit la plus grande personnalité.

Tous les oiseaux, tous les animaux, tous les insectes, sont dressés à l'école de la nature, pleine de dangers, de difficultés et d'ennemis. La supériorité de l'homme se dévoilera pour la première fois grâce à une éducation nouvelle de cette sorte.

Ce monde, notre monde social surtout, est rempli de maux, de crimes, de maladies, de trompeurs, de brutaux, de bandits dits « bon », « bien », « médecine » (toute maladie étant iatrogénique), « prêcheurs » ou « professeurs », « gentils » ou « bienfaiteurs », etc. Les pasteurs qui prétendent vous guider vers le Royaume des Cieux et qui tombent malades et ne peuvent même pas se sauver ; les médecins qui détruisent les symptômes et qui ne vous garantissent jamais la santé totale ; les politiciens qui vous chassent toujours vers la « dernière guerre » et qui vous exploitent sous le couvert d'impôts ; les professeurs qui vous enseignent les fausses idées au nom de la Vérité et des nombreuses techniques qui se démodent ; tous sont vos ennemis, ils s'efforcent de leur mieux d'exciter votre bas jugement et d'empêcher le dévoilement de votre jugement suprême, ils sont tous vos ennemis. Mais il ne faut pas oublier que vos ennemis seuls vous fortifient.

Mes chers amis qui allez traverser toutes ces difficultés, mes amis qui en êtes déjà victimes, et mes amis déjà enchaînés par la Société Générale des Malfaiteurs et Brutaux, ne vous inquiétez pas. Marchez tout droit, le compas dit le Principe Unique dans la main, vous en triompherez sans faute.

Si vous êtes déjà condamné « incurable », mes félicitations, vous avez bonne chance de devenir votre propre médecin.

Si vous êtes déjà employé par la Société Générale des Malfaiteurs et Bandits, tant mieux, vous n'avez qu'à faire de votre mieux, comme leur employé, en attaquant, exploitant et tuant tous ceux qui n'ont que le bas jugement. C'est votre droit. Le bas jugement oblige. Mais il ne faut pas oublier que votre ennemi est en réalité le plus fort : le jugement suprême, et que l'ennemi le plus fort seul vous fortifie jusqu'à l'extrémité.

Mes chers amis, vous êtes tous libres, infiniment libres, votre justice est absolument juste, votre amour est grand à chaque étape de votre jugement. Vous n'avez qu'à agir d'après votre jugement d'une étape ou de l'autre. Vous pouvez monter d'une étape de jugement à une autre plus élevée, mais seulement quand vous aurez satisfait votre jugement actuel et que vous l'aurez jugé insuffisant et inutile.

C'est ainsi que vous avez déjà passé des millions d'années.

C'est ainsi que vous passerez des millions d'années...

Mais celui qui croit inutile de répéter toujours la même chaîne de Karma et de Réincarnation n'a qu'à changer désormais son orientation. Il en a toute possibilité. L'univers est infini et illimité, et tout change.

Vous n'avez qu'à contrôler votre vitesse et conduire votre voiture dans une nouvelle orientation, le compas dit « Principe Unique » ou « La Constitution de l'Univers » dans la main.

Ne rêvez pas d'établir une utopie. Utopie est toujours utopie. Réalisez votre empire pour vous seul. Si vous montez de bas en haut, satisfaisant chaque étape de votre jugement jusqu'à la 7e étape, votre empire sera le Royaume des sept Cieux. Mais n'oubliez pas de satisfaire les six premières étapes à chaque instant et toujours. Autrement la base de votre empire sera évaporée et la chute totale est inévitable. La réalité le justifie : la chute ou la disparition de tout royaume religieux ou sociologique, toute momie d'utopie, toute fiction romantique, sentimentale.

Pour vous qui êtes décidé à établir votre propre empire éternel pour vous tout seul, je vous garantis le succès. Étudiez la Constitution de l'Univers avant tout, après tout et à tout prix.

La compréhension parfaite de la Constitution de l'Univers vous donne seule une volonté de fer.

Une fois entré dans le Royaume des sept Cieux, vous n'avez rien à craindre, rien à regretter. Les maux, les crimes, la maladie, les guerres, les malfaiteurs, tous sont des acteurs jouant leur rôle chacun à son tour avec acharnement, en sacrifiant toute force et toute vie. Ils sont indispensables pour constituer la joie de vivre sur cette planète.

Le fort se nourrit du faible. C'est la loi qui règne en ce monde fini, relatif et non-constant.

Et le plus fort disparaît en un clin d'œil comme l'histoire vous le raconte. Tout ce qui commence aboutit à la fin. Tout ce qui a une forme ou une autre, mesurable par C. G. S. (centimètre, gramme et seconde), périt et s'anéantit, sans exception.

Mais la force suprême est seule éternelle. Elle est l'origine de tout. Elle ne périt pas, elle ne s'anéantit jamais. Elle n'est pas mesurable par C. G. S. puisqu'elle est infinie, indéfinie et illimitée.

Elle a deux mains, qui s'appellent Yin et Yang.

Avec ses deux mains, elle produit tout, anime tout, détruit tout, et reproduit tout, pour toujours.

La mémoire, la compréhension, la volonté, la liberté, la justice, le jugement suprême, etc. sont ses noms.

Vous qui avez la mémoire, la compréhension, la volonté plus ou moins voilées, vous qui cherchez le jugement suprême et la justice absolue depuis toujours, vous êtes l'éternité-liberté-justice-absolue elle-même plus ou moins éclipsée. Vous êtes la vie, la force suprême.

La médecine d'Extrême-Orient qui vous enseigne ainsi est la médecine de l'humanité et des « incurables ». Les pauvres condamnés dit « incurables », les malfaiteurs, le bas jugement, les plus ignorants, sont la raison d'être de la médecine d'Extrême-Orient.

CHAPITRE XVI

LE VOTE, LA FORCE, L'IGNORANCE

En Occident, tout est décidé par le vote ; président, premier ministre, députés, les lois, la guerre, la dévaluation de la monnaie, même l'éducation...

Les votants sont les faibles, les ignorants, le bas jugement. L'élu est le plus fort parmi des ignorants.

Le vote est une machine qui fait les faibles et les ignorants nommer le plus fort. Le vote est une enchère. Le dernier enchérisseur, le plus offrant et le plus fort, emportait la belle esclave, dans une société ancienne où régnait la force. Mais celui qui est élu par des ignorants est le plus grand ignorant, rien d'autre.

Les forts économisent des frais de combat et évitent le danger de mort par le vote. C'est un truc merveilleux.

Les forts font croire aux faibles qu'ils sont enchérisseurs très riches. C'est une illusion ou une déception. Les forts donnent une satisfaction à la majorité des enchérisseurs, et oppriment la minorité menaçante par la force de la majorité. C'est très habile.

Mais la masse est composée par ceux du bas jugement, et l'élu est le plus fort, le plus habile parmi ceux du bas jugement. Voilà pourquoi l'élu désillusionne la masse tôt ou tard, et la masse est du bas jugement, donc capricieuse et impatiente. Voilà pourquoi la masse déteste et attaque l'élu, tôt ou tard.

Le vote, ainsi que l'enchère, est un instrument de la force qui viole le haut jugement. C'est un vrai tour de passe-passe.

Le vote est mortel, soit pour l'élu, soit pour les votants.

— C'est très amusant de voir les « civilisés » conserver cet instrument plusieurs fois millénaire des ignorants, des non-civilisés d'autrefois.

Mais le vote sera un instrument merveilleux si tous les votants sont munis du jugement le plus haut. Cela dépend de l'éducation.

N'y a-t-il pas un moyen pour améliorer le vote ?

Oui, le vote biologique et logique :

1° Le nombre des candidats doit être divisé moitié-moitié pour les deux sexes.

2° Les candidats de chaque sexe doivent être subdivisés en nombre égal, la première catégorie contenant les candidats qui peuvent faire toute propagande, tandis que dans la deuxième, aucune publicité ne peut être faite ni par soi-même, ni par d'autres.

3° Tous les candidats doivent publier leur opinion écrite dans un certain nombre de mots, et ces opinions doivent être imprimées et distribuées en même temps à tout le monde par le gouvernement.

4° Tous les votants doivent voter pour ceux qui peuvent répondre « oui » aux cinq questions suivantes :

a) Pouvez-vous entretenir une idée nouvelle ?

b) Pouvez-vous entretenir n'importe qui ?

c) Pouvez-vous vous entretenir vous-même ?

d) Réalisez-vous vos rêves l'un après l'autre, tout le long de votre vie, sans emprunter le jugement des autres, ni le pouvoir des autres ?

e) Réalisez-vous tout ce que vous avez jugé bien, le plus tôt possible et pour toujours ?

CHAPITRE XVII

LES ENFANTS DES « CIVILISÉS »

(Fragment de journal)

Une des beautés du monde des « Civilisés », c'est la beauté des enfants. Les enfants des « Civilisés » sont beaux.

Ils sont frais. Innocents. Aimables. Admirables.

Ils ont une adaptabilité excellente.

Ils sont comme les enfants de n'importe quel pays.

Les enfants sont admirables.

Pourquoi ces enfants deviennent-ils des « messieurs rigides, orgueilleux, exclusifs, égoïstes, menteurs, tueurs, matérialistes, malfaiteurs, esclaves, sentimentaux, colonisateurs et exploiteurs cruels incompréhensifs, avares et laids, bien qu'ils portent de beaux habits ? ».

C'est à cause de l'éducation occidentale.

« Tel père, tel enfant » ne s'applique ici que très rarement. Dès leur naissance, les enfants sont étrangers à leurs pères.

On peut tirer la conclusion suivante :

« Les enfants sont tous admirables en Occident comme en Orient, au contraire des adultes. Voici la plus grande possibilité de refaire l'humanité partout et toujours. C'est pourquoi les générations se succèdent. Si l'homme pouvait vivre plus de cent, deux cents ou trois cents ans, quel malheur accablerait ce monde ! La mort est une béatitude. Les maux, le malheur, les crimes, la tragédie, viennent après la naissance et par l'éducation.

Nous devons louer la Constitution de l'Univers, qui refait l'homme tous les soixante ans toujours... Voilà le moyen de refaire l'homme biologiquement, physiologiquement et logiquement. Nous avons tous la possibilité de nous refaire ».

Les enfants terribles sont issus de pères terribles.

Quel dommage que l'on transforme ces beaux enfants en « civilisés » si laids, si cruels, si malfaiteurs. Ne nous inquiétons pas.

« Yin produit Yang ; Yang produit Yin ».

Le commencement aboutit à la fin : le commencement et la fin sont antagonistes.

Le père produit la richesse à travers tant d'aventures et de difficultés. Le fils, le petit-fils... jusqu'à la septième génération, élevés dans la richesse et l'abondance, deviennent de moins en moins courageux, aventureux, et de plus en plus faibles, incompréhensibles, ignorants...

Karma...

Il faut sauver les enfants occidentaux...

CHAPITRE XVIII

L'ORIGINE DE LA RICHESSE OCCIDENTALE

Tous les pays, comme toutes les villes, sont beaux, magnifiques et agréables en Occident. Toutes les maisons sont riches et modernes. Tous les hommes sont habillés impeccablement. Toutes les femmes sont belles, grâce aux salons de beauté et aux produits chimiques, toutes sont habillées de belles robes...

D'où viennent cette beauté et cette richesse ?

La richesse occidentale vient des sources naturelles des pays colonisés et de l'exploitation coloniale. Mais les pays colonisés restent toujours pauvres. Pourquoi ?

Parce que les peuples colonisés « Primitifs » ont une philosophie autre que celle des « Civilisés ». Leur philosophie leur interdit de vivre une vie de luxe ou d'abondance, tandis que celle des « civilisés » le recommande. L'Inde en est le meilleur exemple. C'est le pays le plus pauvre, le plus malade, le plus sale du monde.

Toute sa richesse naturelle, si abondante, gît inexploitée.

Le peuple est le plus avare, le plus mendiant et victime de sa philosophie transformée et oubliée.

Le matérialisme occidental, l'insatiable avarice, inventèrent un instrument très utile dit « science » et s'en servirent pour l'exploitation coloniale. La science inventa beaucoup d'engins meurtriers qui facilitèrent énormément le massacre dit « pacification ». Voilà l'origine de la richesse matérielle des « civilisés », et pourquoi les « primitifs » restent toujours pauvres.

Que les Occidentaux aillent donc, plus courageux, plus aventureux, plus exploiteurs, plus cruels, plus meurtriers que leurs pères, juqu'à ce qu'ils découvrent le trésor le plus précieux de tous les primitifs colorés : le compas dit « Principe Unique », aujourd'hui oublié.

Que les Orientaux tombent dans la profonde misère, dépouillés de toutes les ressources naturelles, et même de la terre-mère. Qu'on exploite leur force et leur vie jusqu'à ce qu'ils apprennent pour la première fois l'importance et la supériorité du compas universel dit le « Principe Unique ». Ce Principe Unique avec lequel leurs pères et grands-pères, aventureux et courageux comme leurs frères occidentaux, fondèrent leur pays et leurs sociétés anarchistes et communistes, si pacifiques et bienfaisantes, qu'il n'y eut jamais là ni guerre, ni révolution.

Lorsque les Occidentaux ainsi que les « Primitifs » suivront chacun leur chemin, le compas universel dans la main, les « Civilisés » et les colorés se trouveront devant la porte du Royaume des Sept Cieux où règnent la paix éternelle, la justice absolue et la liberté infinie. Le « Compas Universel » est le jugement suprême qui est voilé en ce moment.

Un savant « civilisé » m'objecta qu'il y eut aussi beaucoup de guerres, de massacres et de révolutions dans les pays des « Primitifs », la Chine par exemple. Oui, il y en eut beaucoup, d'après l'Histoire. Mais ce savant ne connaît pas la langue, ni la mentalité, ni les expressions chinoises, ni comment lire l'histoire de la Chine, ni que l'histoire chinoise est en réalité une fiction. Un exemple suffira pour vous faire comprendre que ce savant français avait tort :

« Oh ! Quelle tristesse profonde. Ma barbe est devenue toute blanche, et si longue. Ma barbe est toute blanche et s'est allongée de plus d'un millier de mètres » (le blanchissement indique la grandeur du choc émotif de la tristesse, et l'allongement de la barbe figure la profondeur de la tristesse). Voilà un échantillon de l'expression chinoise.

Si l'Histoire vous parle d'un massacre de dix mille, il y avait à peine un mort en réalité. On doit apprendre la mentalité, ensuite le langage et les mathématiques sentimentales, avant d'étudier l'histoire d'un peuple étranger.

« Le général, avec ses dix mille soldats, les plus braves du monde » signifie : « un chef-voleur avec un ou deux paysans payés ».

L'histoire des « Primitifs » doit être imagée d'abord, amusante ensuite. L'historien primitif amplifie l'importance d'un événement mille ou dix mille fois, pour empêcher l'auditeur ou le lecteur de s'endormir.

Tous les Occidentaux se trompent toujours en lisant les histoires de guerre ou autres des joyeux « Primitifs ».

« Bouddha invita un jour *des milliards* de bouddhas, du paradis qui se trouve à *quatre milliards de kilomètres* à l'Ouest ».

Toute histoire est fiction chez les « Primitifs » joyeux et innocents. Ils aiment la fiction comme les « Civilisés » aiment le bonhomme Noël.

CHAPITRE XIX

LETTRE A UN AMI

Cher Ami Chappuis,

Merci beaucoup pour votre lettre du 29 novembre. Après maintes discussions, tant à Lausanne qu'à Genève, au sujet du cycle de conférences que vous vouliez organiser pour moi en Suisse, vous avez échoué complètement. Tant mieux.

Vous avez appris que vous n'avez pas encore la liberté infinie, ni la souplesse du Judo et de l'Aïki. Si le Judo ou Aïki était utilisable dans la vie quotidienne, ce serait un simple sport ou un instrument meurtrier. Vous avez étudié le judo seulement dans sa pratique ou technique, mais pas dans sa philosophie. Vous verrez un jour un de mes disciples, Ben Nakazono (6ᵉ Dan), qui ne connaît ni français, ni allemand, ni anglais, ni aucune science occidentale, mais qui convaincra un Occidental scientifique et le fera accepter sa proposition facilement. Avez-vous bien compris, cette fois, que le Judo ou l'Aïki sans le Principe Unique est inutile ? Au contraire, moi, vieil étranger, je suis de plus en plus demandé ; on accepte ma proposition partout où je vais. De plus en plus, et de jour en jour, je reçois des lettres et des coups de téléphone me demandant soit des conférences, soit des consultations.

D'après votre lettre, j'ai appris pourtant beaucoup de choses, surtout la compréhension et le jugement des savants suisses. Si le

Docteur B. est contre moi sur divers points de la théorie, je serais très désireux de le savoir. Si vous ne les avez pas notés, vous n'êtes pas, ni vous ne serez pas bon judoka. Si c'était « notamment sur les fruits », c'est très naturel que vous ayiez échoué auprès du Docteur B. Vous n'aviez pas du tout compris le but de notre médecine, ni la signification de mes directives à propos des fruits, qui sont limitées en temps et en espace, ni, surtout, pourquoi l'on recommande des fruits, ni pourquoi je les interdis pour un certain temps.

Je suis tout à fait stupéfait par votre compréhension si superficielle, si incomplète. A quoi bon avoir passé quelques jours auprès de moi ? Vous ne pouviez pas comprendre pourquoi l'on vous a recommandé des fruits et pourquoi vous avez mangé tant de fruits ; vous n'avez pas compris pourquoi je vous les interdis pour quelques mois et vous m'avez suivi. Quelle mentalité d'esclave ! et quelle compréhension aveugle ! Avec une telle mentalité et avec une telle compréhension, vous n'avez pas besoin d'aller au Japon pour apprendre le Judo, à plus forte raison l'Aïki. Vous ne comprendrez jamais le Principe Unique de toute philosophie et de toute science d'Extrême-Orient. C'est tout à fait inutile : perte de temps et d'argent.

Si Monsieur H. s'oppose à mes dires, parce que j'affirme « que l'Occident est la cause de tous les maux de l'Orient », cela révèle que vous n'aviez pas lu mon livre attentivement. Vous n'aviez pas lu que je dis :

« Les Extrême-Orientaux sont colonisés à cause de leur négligence totale du Principe Unique sur lequel les anciens sages avaient établi leur pays. C'est la punition très naturelle ».

Si vous n'avez pas pu convaincre Monsieur H. qui invoque « les guerres interminables en Orient... et les combats entre deux clans bandits Minamoto et Heike, etc. », c'est dire que vous êtes complètement ignorant de l'histoire ou plutôt ignorant de la mentalité des Extrême-Orientaux. Vous ignorez même la diction.

Ce que je voulais dire, c'est que les peuples d'Extrême-Orient

*étaient pacifiques en comparaison des Occidentaux, rien de plus.
Ici, je n'ai pas le temps de vous écrire l'histoire du peuple japonais
ou du peuple chinois. Vous n'avez pas le temps non plus de la lire.*

*Mais pourquoi n'avez-vous pu montrer l'esprit de judoka ? Vous
n'en avez pas un grain ? Si vous ne saviez pas du tout, comme ces
savants suisses, la véritable histoire des peuples d'Extrême-Orient,
pourquoi n'avez-vous pas profité de cette occasion pour vous instruire, par votre technique du judo, en demandant pourquoi les
Extrême-Orientaux avaient inventé toute religion, tout art sacré,
toutes les cultures si profondes, toute philosophie si pacifique et
toute science si pratique et si merveilleuse, comme l'acupuncture ?...*

Feuilletons « l'Art Sacré » (Juillet-août 1954) :

*« La leçon japonaise. Il est assez émouvant de recevoir
aujourd'hui un tel enseignement, qui tient aussi près à la Révéla-
tion, d'un pays qui, à cet égard, ne doit rien à la civilisation chrétienne d'Occident... »*

*Arrogance-ignorance de l'auteur de ces lignes (il ignore que la
civilisation chrétienne d'Occident doit toute sa gloire culturelle et
fondamentale à la civilisation d'Extrême-Orient, dont le Christianisme n'est qu'une miette tombée de la table) ; à part cela, cette
stupéfaction n'est pas tout à fait sans raison. Les arts sacrés, les
cultures philosophiques de la Chine, de l'Inde et du Japon que cet
auteur, comme beaucoup d'autres, admire, ne sont que des ima-
ges décolorées et déformées sous les neiges d'antan. Ils sont tous
des momies. La véritable beauté se trouve dans la philosophie ou
la littérature qui vit encore dans la vie quotidienne des
Extrême-Orientaux.*

*L'Occident frivole qui raffole de quelques choses sensorielles,
telles que Utamaro, Hirosigé, Hara-kiri, Geisha, Furô, Saké, Fou-
jiyama, thé vert, ne peut percevoir quoi que ce soit de la valeur
infinie, éternelle et absolue. Il est daltonien à cet égard.*

*Mais l'art sacré seul est déjà suffisant. Si l'Occident réfléchis-
sait profondément à cet art sacré du Japon, il pourrait comprendre que tel art ne peut pas être créé par la mentalité qui produit*

des guerres cruelles à la mode occidentale. Il devrait comprendre que le mot « guerre » en japonais signifie un exercice de détachement, un sacrifice pour la Constitution de l'Univers. Il devrait apprendre que le mot « Samouraï » signifie quelque chose qui est tout à fait étranger au mot « soldat », « guerrier » ou « suisse ». Celui-ci signifie « homme à la solde de... » tandis que celui-là signifie « celui qui se sacrifie pour l'Ordre de l'Univers ou pour la justice absolue », ou tout simplement « pour l'Absolu ».

L'Occident ne sait pas que le champ de bataille japonais est une lice, un combat de poèmes et d'arts sacrés. C'est trop long à exposer ici. Vous n'avez qu'à lire et relire : « Le tir à l'arc du Japon », « Le Livre du Thé », « Le Livre des Fleurs » ou « Le Livre du Judo »...

Quand à vos combats à propos des vitamines, vous êtes piteux. Vous ne savez pas ce que sont ces vitamines, comme ces savants suisses qui vous méprisent.

« Il faut apprendre, avant tout, la mentalité et la technique de l'ennemi. C'est par cette connaissance approfondie seule que vous devez et pouvez vaincre ou convaincre votre ennemi ». Voilà une leçon extrême-orientale.

Saisissez le Principe Unique avant tout ; il vous affranchira de toutes les difficultés.

Je suis très heureux d'avoir sondé, grâce à vous, les savants suisses. Je me rappelle l'égoïsme et le bas jugement les plus extraordinairement déguisés des Suisses, tel que Hilty, « le Saint du XXe siècle ». Le chauvinisme de ces savants suisses et de ceux qui prennent la Suisse pour un paradis terrestre, et la mentalité étroite, égoïste du peuple suisse, éclatent dans le fait que la Suisse n'apporte aucune contribution culturelle, religieuse, philosophique, scientifique, spirituelle ou idéologique dans l'histoire de l'homme, et ce malgré ses richesses et ses beautés architecturales et industrielles. C'est un pays des plus curieux à cet égard dans le monde des « Civilisés ». Mais la réalité dépasse la fiction. De plus, il n'y eut aucun spéculateur idéologique, ni aventurier, ni grand bienfaiteur, ni malfaiteur historique, en Suisse.

Le Docteur B. et M. H. discutent les détails et ne voient ni l'importance, ni la signification de la question. Ils sont trop occupés à défendre leur point de vue et négligent la recherche de la Vérité. Ils ne veulent pas s'instruire de la raison d'être d'une théorie opposée. Il leur manque même la politesse. Ils considèrent un étranger comme un ennemi, tandis que les Extrême-Orientaux accueillent tous les étrangers comme s'ils étaient envoyés de Dieu. Les Extrême-Orientaux acceptèrent d'emblée, avec joie, ce que les Occidentaux leur apportèrent, tandis que les Occidentaux n'ont accepté que tout récemment l'Acupuncture et le Judo. Quelle arrogante solitude spirituelle ! Leur seul ami est l'argent. Leur art sacré se voit dans les divers bâtiments religieux. Leur art sacré est la somptuosité lourde, noire, triste, oppressive, cruelle, inhumaine. Il n'y a là aucune délicatesse, sérénité, simplicité de l'Infini.

L'art sacré, la « sainte pauvreté », ou la beauté de la simplicité n'existent pas en Suisse. La Suisse, c'est le pays le plus idéal des « Civilisés ». C'est une utopie des Occidentaux.

Que préférer ? La somptuosité de la richesse matérielle, avec la pauvreté spirituelle ? Ou bien la pauvreté matérielle, avec la richesse infinie de la spiritualité ?

J'ai pitié des peuples d'Extrême-Orient déracinés de la tradition, et j'admire le courage du peuple occidental, qui marche sur le chemin de la destruction et du suicide, puisque l'homme ne peut dévoiler son jugement éclipsé qu'après avoir vidé la coupe de poison : la tristesse, la douleur et le remords.

J'espère que l'on a compris et que l'on aime la pauvreté et la simplicité de la vie sans soucis, dans la profondeur infinie de la spiritualité, là seulement où se trouvent : la liberté infinie, le bonheur éternel et la justice absolue. C'est là que l'on peut trouver la raison d'être du Judo, du Bouddhisme, du Jaïnisme, etc.

CHAPITRE XX

LA FOI OU LA LOI

Lorsque la connaissance de la Constitution de l'Univers est perdue, c'est la foi qui la remplace. Lorsque la foi est perdue, c'est la morale ou l'éthique qui monte sur la scène. La morale ou l'éthique est remplacée ensuite par la loi. Celle-ci, à son tour, est chassée par la force ou la violence physique, politique, économique ou intellectuelle, la loi étant la violence par nature.

La connaissance de la Constitution de l'Univers infini, éternel et absolu est une clairvoyance (l'instinct parfait ou le jugement suprême). Les pères et les pasteurs professionnels ont remplacé cette connaissance par la « foi » qui n'est qu'un faux passeport pour le paradis imaginaire. Cette « foi » est vaincue par une invention des savants (les plus forts intellectuels) dite la « morale ». La loi des plus forts (physiquement, économiquement ou politiquement parlant) pulvérise complètement la morale. La dictature économique n'est qu'un chaos que vous voyez partout sur cette planète ! C'est la chute d'une civilisation ou de toute l'humanité.

Établissons encore une fois la connaissance de la Constitution de l'Univers, reconnaissance de la matrice de l'humanité, avec corps et âme. Ramassons et unissons les fils et les filles héritiers du Royaume des sept Cieux pour établir la paix éternelle et la liberté infinie.

Voici l'Arche de Noé... du XXe siècle.

CHAPITRE XXI

POURQUOI LA MER EST SALÉE (Poème)

La mer est vaste et immense.
Elle accepte tous les déchets qu'apportent sans cesse toutes les
  rivières.
Elle purifie tout.
Elle est toujours pure, limpide, souriante et belle.
Elle accepte tous les œufs de parasites, les microbes et les virus dits
  « malfaiteurs », le pus d'une odeur répugnante, le sang
  pourri, les poisons chimiques ou industriels et les excréments
  de toutes sortes.
Mais elle reste toujours pure comme le cristal ou l'émeraude.
Elle stérilise tout, vivifie tout, et elle crée toute faune et toute flore :
  elle est la matrice de tous les végétaux et de tous les animaux
  terrestres.
La vie de l'homme vient de la mer.
En quoi consiste cette force purificatrice créatrice de la mer ?
C'est le sel, le sel sur la terre.
Sans le sel, la mer serait une grande source de tous les microbes
  malfaiteurs : elle serait un grand lac rempli de toute saleté.
Le sel de la mer transforme tous les microbes malfaiteurs en êtres
  végétaux ou animaux d'une beauté extraordinaire.
Le monde du silence.
Le sel est magicien.

Le sel est Yang.

*L'homme est né de la mer dont il porte le nom, souvenir éternel :
le sel dans son sang.*

Le sang sans le sel, c'est la mort.

*Le sel dans le sang stérilise tous les facteurs malfaisants apportés
dans le sang et les transforme en éléments nutritifs et bienfaisants ; ces derniers nourrissent toutes nos cellules et en
même temps fournissent l'oxygène.*

Le sang est la mer en miniature dans notre constitution.

Le sang, c'est la mer créatrice dans notre corps.

*Mais si le sang est dépouillé du sel, il se produira toutes sortes de
maladies.*

Jésus a dit : « Vous devez être le sel de la terre ».

*Si l'homme-sel manque, notre société sera pourrie et comblée de
maux et de malheurs.*

*Si notre société est pleine de maux, malheurs, guerres, crimes, mal-
faiteurs, c'est dire que tous les disciples de Jésus et ses pareils
sont devenus le sucre au lieu d'être le sel sur la terre (café,
chocolat, bonbons, jus de fruits, gâteaux, confitures, etc. ;
tous sont sucrés).*

*Bière, vin, champagne, whisky, rhum, cognac, apéritifs, digestifs,
etc., tous sont sucrés, riches en potassium qui neutralise le
sel dans notre organisme.*

Tous sont fabriqués par la Science.

Et le Christianisme est vaincu par la Science...

Oh, la mer, notre mère. Pourquoi la mer est-elle salée ?...

CHAPITRE XXII

SAYO MATSUURA
La Fiancée Éternelle (Légende)

L'Occident, c'est un monde très sentimental. Bien entendu. On s'embrasse même dans les rues, sur les grands boulevards, dans les cafés, au cinéma, dans le métro... partout, partout...

Paris, c'est le plus grand magasin de nouveautés sentimentales... Danielle Darrieux et Gabin... Pierre et Lucie dans tous les coins de Paris...

Paris, c'est une jeunesse éternelle...

Paris, c'est la bourse internationale de l'amour...

Paris, c'est le marché mondial de la sentimentalité...

Tout le monde devient amoureux de tout le monde. La Foire de Paris ouvre ses portes une fois par an. Mais la Foire internationale sentimentale de Paris est ouverte tous les jours et toutes les nuits...

Mais il me manque quelque chose. La véritable sentimentalité n'existe-t-elle pas ?

A Erewhon, la sentimentalité a un autre aspect, complètement différent. La sentimentalité erewhonienne est infiniment plus profonde que celle de la France.

A Paris, la sentimentalité crie à haute voix et toute nue, tandis qu'en Erewhon elle murmure comme la brise de printemps, doucement et délicieusement... Elle ne se déshabille jamais, elle est toujours souriante... et cachée.

La sentimentalité erewhonienne est agréable comme le contact de la soie pure, fine... et fraîche. C'est pourquoi Mme Mitie a été choquée et a frissonné dans la cathédrale catholique en présence d'un cadavre percé et cloué sur la grande croix, et rougit à côté d'un couple qui s'embrasse dans le métro ou en passant devant l'affiche de publicité représentant une femme à moitié nue...

Il existe une légende erewhonienne :

Une jeune Erewhonienne habitait au Japon, il y a à peu près douze cents ans. Elle était fiancée à un jeune Japonais. Celui-ci partit un jour pour la Chine faire ses études philosophiques. Depuis plus d'un millier d'années, depuis le commencement, le commerce international entre la Chine, les Indes et le Japon était culturel. Ce n'était pas du tout un échange sanglant comme en Occident.

Beaucoup d'étudiants et de savants voyageaient en traversant les mers terribles. Ils ont tous été aventureux, beaucoup plus aventureux que les commerçants... Des premières onze missions japonaises du 7e au 9e siècle, une seule gagna, saine et sauve, les côtes de la Chine. Toutes les missions étaient composées de deux à quatre petits bateaux. Dix de ces onze missions ont perdu un ou deux ou trois bateaux à mi-chemin, naufragés. Quelquefois toute la mission fut perdue. Aujourd'hui, on peut traverser ces eaux en une trentaine d'heures par paquebot. Mais les premières missions devaient lutter contre le mauvais temps de dix jours à deux mois.

Mais les chercheurs de la Vérité partirent les uns après les autres.

Le jeune fiancé partit. La jeune fiancée le suivit des yeux du sommet d'une colline rocheuse au bord de la mer, longuement...

Dès lors, elle monte chaque jour au même endroit, pour contempler l'horizon lointain où son fiancé disparut.

Elle monte au sommet de la colline, pour entretenir le souvenir sentimental, et pour causer en imagination avec son fiancé, à propos de l'avenir de leur union. Elle continua pendant des années et des années, les jours de vent, les jours de neige, les jours de pluie...

Deux ans passèrent...

Trois ans... Cinq ans...

Dix ans... Trente ans...

Un jour elle ne revint plus... Ses parents et ses voisins allèrent voir ce qu'elle était devenue, sur le sommet du rocher, au bord de la mer.

A leur complète stupéfaction, ils virent qu'elle avait disparu... A l'endroit où elle contemplait l'horizon tous les matins, il y avait un petit pin.

Ah, elle est devenue pin !... dit-on.

La légende est symbolique.

Le pin a grandi. Il est aujourd'hui un grand arbre.

Il est âgé de plus de douze cents ans. Il est toujours sur le même rocher. Il attend le retour du fiancé éternel. Vous pouvez voir ce pin avec ses branches tendues vers la Chine, comme si c'étaient les mains de la pauvre fiancée Sayo Matsuura... et beaucoup de touristes l'entourent...

CHAPITRE XXIII

UN COUPLE ITALIEN

Il y a trente-trois ans, un couple italien est arrivé à Paris. Le jeune mari était tailleur. Il travailla pendant trois ans avec acharnement et gagna beaucoup d'argent.

Il acheta un petit appartement. Quel bonheur pour un pauvre jeune Italien d'avoir, quoique petit, un bel appartement dans le centre de Paris, près des Grands Boulevards !

Mais cet achat marqua le terme d'un bonheur éphémère. Et le commencement de grandes difficultés... L'homme tomba malade. Sa femme se mit au travail elle aussi.

Pendant trente ans, ils travaillèrent de toutes leurs forces, bien qu'ils fussent accablés par une maladie l'un après l'autre. Ils ont aujourd'hui près de soixante ans. Ils n'ont ni enfant, ni fortune. Ils ont donné tout leur argent aux médecins. Et depuis quelques mois, leur état s'est aggravé : il est rhumatisant ; elle est atteinte de psychose...

C'est la vie. Oui, c'est la vie de ceux qui ne connaissent pas la Constitution de l'Univers, c'est-à-dire le Royaume des Cieux et sa loi unique Yin-Yang. C'est la dernière étape de ceux qui n'ont pas la foi, c'est-à-dire la clairvoyance. Combien de centaines de milliers de ce type humain vivent dans ce tombeau des vivants dit Paris ! J'en ai rencontré déjà des centaines... dans tous les domaines de la vie.

Triste, grand Cimetière de Paris...

CHAPITRE XXIV

ÉLOQUENCE D'ARGENT, SILENCE D'OR

La conversation des Français ordinaires est trop haute et trop agitée pour les Erewhoniens. Elle est presque insupportable pour eux. (De même qu'il y a beaucoup de daltoniens.) Ils sont obligés de penser que l'ouïe du Français moyen est très mauvaise.

En Erewhon, on a bonne ouïe et bonne vue comme le chien et le chat. Par conséquent, on n'a pas besoin de parler à haute voix. Si l'on parle à haute voix, c'est la querelle ou le chantage. On déteste cela.

Ceux dont le jugement appartient à la première étape font des bruits chaotiques en s'exprimant. Ceux de la deuxième étape sont criards. A la troisième étape, ils sont tristes, désagréables et insignifiants. L'éloquence et l'intellectualité, voilà la quatrième étape. Le silence la cinquième, la tranquillité d'esprit, qui est diamant, la sixième. Ceux dont le jugement appartient à la septième étape émettent une musique lointaine, délicieuse, superbe, qu'on entend seulement dans la profondeur de la méditation.

On ne peut pas entendre la voix de la septième étape en Europe.

La voix des Erewhoniens est presque toujours tuée parmi les Occidentaux. C'est pourquoi l'Extrême-Orient est colonisé malgré cette voix.

Les deux Erewhoniens sont terrifiés à chaque pas par la voix d'un Occidental ou de l'autre.

CHAPITRE XXV

UN GRAIN, DIX MILLE GRAINS

Un jour, j'ai consulté plus d'une trentaine de malades l'un après l'autre, dans une maison des amis du...

Chaque malade entrait à son tour avec une feuille de papier sur laquelle mon assistante volontaire inscrivait ses nom, adresse, état actuel, âge, souffrance, etc.

Après une journée très chargée, j'ai trouvé sur la table cinq billets de mille francs, laissés par les malades. Cinq parmi cette trentaine de personnes ont exprimé leur reconnaissance. Les autres sont partis sans rien laisser.

J'ai donné deux mille francs à la maison des amis du..., deux mille à mon assistante et mille à mon ami médecin, qui m'avait permis de me servir de cette maison.

Ceux qui sont partis sans rien laisser étaient peut-être trop pauvres pour donner quelque chose, bien qu'ils aient reçu un conseil, quel qu'il soit. Voilà la mentalité de celui qui n'a pas besoin d'aller en enfer après la mort puisqu'il y est déjà de son vivant, l'enfer étant la prison de souffrance perpétuelle, et le monde noir sans gratitude, mais tout rempli de tristesse et de mécontentement.

En Erewhon, il y a un dicton :

« *Un grain, dix mille fois* ».

Cela signifie qu'un grain même quelconque donne des centaines et des milliers de grains. C'est la loi biologique. Pourquoi pas la loi humaine ? Si tu reçois quelque chose de valeur quelconque, tu dois donner dix mille fois autant de bonnes choses, en signe de reconnaissance.

Avarice, que de demander et de recevoir de l'autre, sans rien donner. C'est la mentalité des « pauvres malheureux » condamnés. Trop d'attachement : voilà la véritable cause de tous les maux et de tous les malheurs.

Le détachement est le seul chemin de salut.

L'attachement est perte de liberté. L'attachement de toute sorte est le commencement du malheur. Même l'attachement au principe de détachement doit être éliminé.

A Paris, il y a des maïsons de détachement (teintureries).

En Erewhon, il y en a aussi, mais ce sont des temples dans les montagnes lointaines. On doit y entrer sans biens et sans nom. Puisque c'est là « *où toutes les choses que vous voulez vous seront données.* »

Mais si vous ne vous détachez pas de ce que vous avez, vous ne pourrez pas y entrer.

CHAPITRE XXVI

RÊVES

Il y a, d'après la médecine d'Extrême-Orient, deux sortes de rêves.

1° Rêves incohérents, insignifiants, illogiques, fantastiques, cauchemars désagréables, indésirables ou cruels.

2° Rêves qui réalisent quelque chose de réel, soit dans le futur, soit à distance.

Les premiers sont des « Rêves faux », tandis que les derniers sont des « Rêves vrais ».

Dans le monde, il y a deux sortes d'hommes :

1° Ceux qui ont souvent ou toujours des « Rêves faux », dans le sommeil ou éveillés.

2° Ceux qui ont des « Rêves vrais », rarement, soit dans le sommeil, soit éveillés.

Les « Rêves vrais » sont une forme de clairvoyance, qui nous donne tous les renseignements nécessaires pour être heureux et libres.

Si vous avez des rêves insignifiants ou cruels, soit dans le sommeil, soit en plein jour, soit parfois, soit toujours (des rêves tels que guerre, meurtriers, malfaiteurs, Canal de Suez, assassinats en Algérie, soucis quotidiens, amour sentimental ou sanglant, trahisons invraisemblables, etc.), vous n'êtes pas un homme sain physiologiquement. Vous êtes déjà un peu un malade mental. Il vous manque déjà une des Six Grandes Conditions de la Santé.

Ceux qui rêvent dans la journée ou toute la vie et dès l'enfance à « La liberté infinie, le bonheur éternel et la justice absolue », le « Royaume des Cieux », etc., et qui s'en approchent de plus en plus, pas à pas, millimètre par millimètre, ceux-là sont heureux.

Si vous voulez dormir tranquillement sans aucun rêve insignifiant, incohérent ou désagréable, observez une fois tout au moins mes directives diététiques, pendant un mois. Vous vous trouverez dans la paix universelle.

Si vous voulez passer une vie heureuse sans rencontrer, ne serait-ce qu'une seule fois, des jours de cauchemar, vivant ou à l'état de sommeil, vous n'avez qu'à observer la méthode diététique plusieurs fois millénaire. Vous pouvez faire des plats extrêmement délicieux au fur et à mesure que vous avancez dans l'étude de l'art culinaire et de la philosophie.

Goodyear a trouvé le secret pour fabriquer le caoutchouc dans son rêve.

Jacques Mandé Daguerre a trouvé les secrets de la daguerréotypie dans son rêve éveillé.

Siddharta a vu se réaliser son rêve : le Bouddhisme, qui dure depuis deux mille cinq cents ans (quelle différence entre son rêve et celui d'Henri Miller) :

« Le Rêve vrai », c'est l'imagination du jugement suprême ; le « Rêve faux », celui du bas jugement.

Le bonheur éternel, la liberté infinie, la justice absolue, n'est qu'un Pays où vivent ceux dont le jugement appartient au jugement suprême, toute la vie. Donc c'est une réalité.

La guerre, les malfaiteurs, les maux, le malheur, la pauvreté, etc., sont des rêves intermittents imaginaires de ceux qui vivent dans le même pays, dans la même réalité, mais dont le jugement suprême est aveuglé.

Dormez bien, comme un nourrisson qui dort sans aucun rêve. Si un bébé fait un cauchemar, c'est sa maman qui en est responsable, sa maman gourmande qui a mangé des choses tout à fait inutiles pour vivre.

La nuit sans rêve, tranquille, douce. Elle n'est pas un simple repos, mais c'est un court arrêt durant lequel on est ravitaillé d'énergie par son pompiste dit « l'infini-éternel-absolu ». Le profond sommeil sans rêve, c'est le plus agréable séjour dans le sein de la mère-Éternité. Au réveil, on se sent plein d'une énergie infinie, avec laquelle on peut traverser n'importe quelles difficultés.

Je vous souhaite une bonne nuit !

CHAPITRE XXVII

CEUX QUI SONT HEUREUX

« L'homme est heureux, sinon, c'est de sa faute » dit Épictète.
  « *L'homme est libre,*
  « *L'homme est heureux,*
  « *L'homme est juste,*
  « *L'homme est amour,*
  « *Sinon, c'est dire qu'il a violé et qu'il viole la Constitution de l'Univers, sans le savoir ou en le sachant »,* dit l'Erewhonien.
Après avoir soigné tant de pauvres malades décrétés « incurables » tant en Occident qu'en Extrême-Orient, même dans le pays natal du Christianisme et du Bouddhisme, je conclus ainsi :

Tous les pauvres et les miséreux sont prisonniers d'une « maladie », prison d'où on ne peut s'évader à aucun prix. Ils avaient commis tant de crimes pendant des années et des années, violant jour et nuit la grande loi naturelle : la Vie.

Ils ne savent même pas exprimer leur gratitude quand on leur a enseigné le moyen de se sauver. Ils sont ingrats, à cause de leur éducation.

Voilà ma conclusion, après en avoir soigné, pendant de longues années, des centaines de milliers, dont des centaines en Occident.

Tous les malades sont pareils, en Orient comme en Occident. Ils sont condamnés à souffrir toute la vie jusqu'à ce qu'ils réalisent la véritable cause des maux et du malheur.

Les médecins et la médecine qui ne guérissent pas, mais qui exploitent les malades, devront être décorés d'une grande médaille d'or...

CHAPITRE XXVIII

LES DEUX PRIMITIFS ÉCRASÉS

Il était minuit. Le primitif, après avoir donné une conférence dans une société végétarienne, était parti avec sa femme, dans la petite voiture 4 CV conduite par leur fils spirituel « Gavin », extrêmement prudent. Ils traversaient la place de la République et prenaient la rue Turbigo.

Au premier carrefour, une grosse voiture, surgissant soudain à gauche, faillit les accrocher.

Le prudent fils spirituel freina de toute sa force pour éviter l'accident, mais trop tard. Leur petite voiture avait pénétré dans le côté droit de l'autre. Les trois Erewhoniens étaient renversés, jetés et immobilisés au fond de leur voiture.

Leur radio se brisa sous le poids de Monsieur Jack.

La grosse voiture, qui filait à vive allure au moment de l'accident, s'arrêta cinq mètres plus loin. Il y avait à l'intérieur deux jeunes gens.

Bien qu'il fût minuit passé, beaucoup de monde sortit des cafés voisins pour porter secours aux Erewhoniens, mais tous trois étaient immobilisés par la douleur ; aucun d'eux ne pouvait ni bouger, ni parler. Enfin, la police survint.

Peu après, le fils spirituel se dégagea de la voiture avec peine.

Pendant une heure et demie encore, Monsieur Jack et Madame

Mitie restèrent immobilisés dans l'auto, en silence, comme tous les Erewhoniens en pareil cas, et quelle que soit leur douleur.

Le devant de la petite voiture était complètement démoli et son moteur bloqué.

Les deux jeunes gens brutaux ne vinrent même pas présenter leurs excuses.

Enfin, vers deux heures et demie, un taxi chargea les trois malheureux accidentés. Ils n'avaient aucune blessure apparente, mais des bosses à la tête, des douleurs au côté et aux membres.

Passé minuit, dans les grandes rues de Paris, les autos, plus rares, volent à toute vitesse. D'après les statistiques, les accidents sont alors beaucoup plus nombreux, beaucoup plus graves, et plus sanglants qu'en plein jour.

Après celui qui vient d'être relaté, Monsieur Jack et Madame Mitie furent entièrement immobilisés.

Le bras gauche de Madame Mitie était extrêmement douloureux.

Mais ils ne s'alitèrent pas et poursuivirent, quoique très péniblement, leurs activités journalières. Monsieur Jack ne manqua pas les conférences déjà fixées, quoiqu'il eut beaucoup de peine à marcher, surtout à monter et descendre les escaliers du métro.

Les Erewhoniens sortent toujours sans grand dommage d'un accident, comme des chats retombant sur leurs pattes.

Telle est l'efficacité de la médecine d'Extrême-Orient, qui fortifie toujours l'instinct.

CHAPITRE XXIX

« AU REVOIR, MES CHERS CIVILISÉS »

Le jour de la séparation est arrivé.

Les deux « Primitifs » nous ont quittés. La veille de notre séparation, l'Erewhonien me confia le manuscrit que voici :

« *Combien vous dois-je ?* »

Mes chers amis « civilisés »,

Je suis très heureux de vous avoir rencontrés pendant mon court séjour en Europe. Demain, je dois vous quitter. Mais je garderai un bon souvenir de chez vous et je vous promets de revenir tous les deux ans pour passer six mois avec vous, jusqu'à la fin de ma vie.

J'ai appris beaucoup de choses grâce à vous tous.

J'espère que ma compréhension de l'Europe n'est pas trop inexacte. Dans ses grandes lignes, elle est la suivante. S'il y a quelques fautes graves, faites le moi savoir, je vous en prie.

J'ai soigné pendant mon séjour des centaines de malades, tous abandonnés et déclarés « incurables » par la médecine symptomatique. Ils avaient subi de longues années de médication et dépensé beaucoup d'argent.

Il m'en coûta un millier d'heures de travail et une responsabilité infinie.

Je l'ai fait avec beaucoup de plaisir et de reconnaissance.

C'est un grand honneur pour un étranger d'être demandé en consultation au sujet d'une vie en souffrance et en danger.

Beaucoup de ces malades, à la fin de ma consultation, disent simplement « merci ».

Je voudrais dire aussi : « Merci beaucoup ».

Chose curieuse, quelques-uns demandèrent : « Combien vous dois-je ? ».

Cette politesse occidentale m'a chaque fois donné un grand coup très triste, très désagréable, puisque j'en ai senti la politesse diplomatique, mécanique et passagère, très superficielle.

Comme vous le savez, ma consultation est tout à fait originale. C'est une contemplation physiologique que je fais en un clin d'œil. C'est trop simple pour tous ceux qui sont habitués au diagnostic occidental très compliqué. Pour me donner l'air sérieux, je regarde les mains en imitant le chiromancien.

Mon diagnostic, c'est un coup d'œil par lequel je vois tout et lis tout dans la physionomie, dans les yeux : la cause du déséquilibre actuel et toutes les vies antérieures, ainsi que la vie future et le danger qui s'approche.

Ce qui me prend beaucoup de temps, c'est d'écouter les longues histoires de souffrances et de mécontentements, égoïstes, inutiles, tristes, désagréables et très longues. Et ensuite je dois expliquer comment choisir les aliments nécessaires, comment les préparer et comment les manger...

Cela prend au moins une heure. Ma consultation est donc une leçon particulière de l'art culinaire et de la philosophie dialectique pratique pour un étranger à la médecine, à la théorie de la nutrition, de la biochimie et de la philosophie d'Extrême-Orient. Combien c'est difficile et dangereux !

Tous les malades sont, avant tout, égoïstes. Leur compréhension est très basse. Leur point de vue est toujours exclusif et révolté. Ils sont simplistes, naïfs, sentimentaux et avares. Ils sont très lâches, sceptiques (ou trop facilement crédules et oublieux). De plus, beaucoup sont sans mémoire et ne peuvent pas se concentrer.

Ils ignorent la foi ferme et la loi de la nature.

Tout cela vient de leur compréhension superficielle et sommaire, véritable cause de leur malheur. Je dois leur faire comprendre cette cause initiale, ce manque de connaissance de la Constitution de l'Univers, dû à l'éducation professionnelle, moderne, capitaliste.

C'est extrêmement difficile et délicat, surtout quand on s'exprime mal, dans une langue tout à fait étrangère. Si l'on explique mal, ce sera une question de mort ou de vie.

Je travaille de tout mon cœur pour sauver une âme dite « incurable » et abandonnée à la mort, naufragée dans la profondeur de la souffrance.

Et on me demande « combien ? » comme si j'étais un chauffeur de taxi.

Quelle impolitesse ! Quelle mentalité ! Quelle incompréhension !

Je voudrais demander :

« A combien estimez-vous votre vie ? Combien pouvez-vous payer pour vous libérer de cette prison dite « maladie » et de cette peine capitale imposée par le dictateur invisible dit « civilisation » ?

Mais je dis simplement : « Rien », parce que je suis très heureux d'être écouté au sujet d'une question si importante et sincère. Je ne demande même pas le tarif qu'on me paie avec plaisir ailleurs (10.000 F), même dans un pays où la vie est cinq fois moins chère qu'en France.

Quelquefois j'ai dit :

« Ma consultation est très chère. Mais ne vous inquiétez pas. Vous me donnerez ce que vous voudrez après guérison complète ». Personne ne revient.

Pas une carte postale de remerciement.

D'autres fois j'ai dit :

« Ma consultation est très chère. 1.000.000 F. C'est trop cher, n'est-ce pas ? Bon, je vous donne ces directives gratuitement. Mais vous devez m'écrire tout ce qui s'est produit une fois par semaine au moins, sans cela je ne peux pas suivre votre cas... »

Tout le monde « disparaît » !

Un jour, pour la première fois, j'ai dit : « Dix mille ». Et je fus bouleversé par la réponse inattendue d'une femme très riche, parée de diamants.

— C'est cher. C'est plus cher qu'un grand professeur d'Université (ah ! l'Université !).

— Si c'est trop cher, vous n'avez pas besoin de me payer...

Mais elle ne m'écoutait pas. Furieuse, elle me quitta brusquement. Toute l'élégance et la politesse qu'elle m'avait montrées en entrant avaient disparu.

Pour la deuxième fois et pour la dernière fois :

— Ah ! 10.000 ?... Je ne peux pas, mais je vous donne cinq mille. C'est tout ce que j'ai aujourd'hui, je vous paierai le reste la prochaine fois, sans faute. Excusez-moi, mon professeur... Je vous en prie...

J'ai rendu l'argent.

C'était un jeune homme, paralysé depuis quatre ans et demi, et abandonné par sa femme. Tout seul dans un bel appartment près de la Porte d'Auteuil. Il m'a dérangé souvent, par la suite, presque deux fois par jour par téléphone. Pour me sauver, j'envoyais soit ma femme, soit mon fidèle disciple.

Il payait mille francs ou quinze cents francs, juste pour le taxi.

« Combien je vous dois ? ». Que c'est triste, ce chant.

J'ai cessé de demander de l'argent pour la leçon très difficile, puisque c'est une perte de temps. « Rien » est la seule façon européenne de répondre, et elle me fait gagner du temps.

Chez moi, les riches me donnent dix mille ou cent mille (vous savez, on peut vivre un mois avec 10.000 F chez nous). Ou bien on dit : « Merci infiniment. Vous m'avez donné une vie nouvelle. Je ferai tout ce que vous voulez toute ma vie. Je suis à vos ordres ». On le réalise d'une manière ou de l'autre, chacun selon sa capacité. On m'apporte de temps en temps des fleurs de la saison, non pas achetées, mais sauvages ou cultivées par soi-même, ou des légumes de son jardin, et cela venant de loin.

Tout le monde reçoit selon sa nécessité et donne selon sa capacité.

Naturellement, il y en a quelques-uns aussi en Europe, quoique peu nombreux, qui m'offrent une aide très précieuse.

Mais leur pourcentage est infime, au contraire de chez les « primitifs ».

« Combien je vous dois ?... »

Mais « combien je vous dois ?... » est plutôt aimable, en comparaison avec l'indifférence totale et la disparition de la majorité qui avait dit également « Merci, merci, vous êtes très gentil, je ferai connaître cette méthode, comme vous le désirez, à mes amis et à mes voisins, mais tout d'abord je dois être guéri. Oh ! vous êtes gentil ! »

Comme c'est désagréable d'entendre perpétuellement : « Oh ! vous êtes gentil, vous êtes très gentil ! ». C'est chez nous l'expression la plus détestable. Il est dit : « L'or est examiné au fourneau, l'argent dans le creuset ; mais l'homme par la flatterie, louange ou hommage. »

Celui qui aime la louange, l'honneur ou la flatterie est le plus détestable dans le monde des « primitifs ».

Flatter, louanger ou rendre hommage, c'est le fait des mendiants, des esclaves, des sentimentaux, et une expression du jugement le plus bas. Il ne faut pas exprimer un jugement sensoriel ou « sentimental » en présence d'autres, à plus forte raison vis-à-vis du bienfaiteur de chez nous, puisque c'est une honte d'exprimer un bas jugement.

Même le mot « merci » n'a pas son correspondant dans les langues d'Extrême-Orient. Si vous l'avez traduit d'après le dictionnaire en japonais, chinois, hindi... comme « hao, hao », « sha, sha », « Arigato gozaïmas », « Danneward », etc., c'est une ignorance totale et profonde de la langue et de la mentalité des « primitifs ». Ces mots extrême-orientaux signifient une chose tout à fait étrangère, extrêmement profonde, métaphysique et cosmologique... Étymologiquement parlant, « merci » est le contraire de ces mots (respect, précieux, etc. de même).

Mais cette indifférence de la majorité, cet évanouissement de la plupart qui disparaissent et ne reviennent jamais après la guérison, malgré leur parole d'honneur, c'est tout à fait incompréhensible. Si un malade ne revient pas, cela m'agace, m'inquiète. Est-il guéri ? Est-il encore souffrant ? Est-il encore paralysé ? A-t-il abandonné mes directives ? A-t-il tant de difficultés dans l'observance ?... Mais il est tout à fait inutile de m'inquiéter. Une fois guéri ou soulagé, il ne revient pas. C'est la loi statistique... ici, dans un pays des « civilisés ».

C'est ma faute. J'ai échoué. Le but unique de notre médecine est de guérir non seulement la maladie actuelle et à venir, c'est-à-dire de donner l'immunité totale et pour toujours, mais de dévoiler le jugement suprême du sujet, jugement qui est éclipsé totalement ou partiellement, puisque l'éclipse totale ou partielle du jugement est la seule et unique cause de tous les maux et de tous les malheurs de l'homme. Le jugement suprême est une forme d'activité, entre mille, de notre compréhension, de notre reconnaissance de la Constitution de l'Univers, la clef de la liberté infinie, du bonheur éternel et de la justice absolue.

Il n'y a aucune maladie « incurable » d'après notre médecine. S'il y en a, c'est notre faute, c'est dû à l'insuffisance de notre technique, de notre amour. C'est-à-dire que nous ne sommes pas encore entièrement libres. C'est donc une bonne occasion de nous instruire.

Nous devons nous occuper encore de ces ingrats disparus.

Si, d'après notre médecine, nous avons guéri une maladie de la première étape, le malade doit être entré dans la deuxième étape de la compréhension ou jugement, où tout le monde salue avec un mot de passe : « Je me sens mieux », « Je suis très à l'aise », « C'est très agréable »... Si nous avons guéri une maladie dans la troisième étape de compréhension ou jugement, on nous saluera toujours avec ce mot de passe : « Je suis très heureux », ou : « Je sens la joie de vivre pour la première fois de ma vie ». Le malade de la troisième étape guéri saluera : « Je veux travailler, je dois étudier cette méthode jusqu'au fond » ; ou : « Je dois sauver mes amis qui souffrent comme je souffrais jadis ».

Celui qui est guéri de la maladie de la quatrième étape saluera : « Je suis libéré. Je suis maintenant débarrassé de tous mes maux. Je veux, je dois sauver à tout prix mes amis et mes voisins qui souffrent comme moi jadis. Je dois y consacrer ma vie ».

Celui qui est guéri de la maladie de la cinquième étape : « Je dois perfectionner mon jugement de la sixième étape, avec acharnement, à tout prix... ».

Celui qui est libéré de la maladie de la sixième étape dira : « Je ne sais rien. Je suis le plus ignorant dans le monde. J'étais et je suis le plus grand malfaiteur dans le monde ».

« Je ne le savais pas ! Quelle honte ! ».

« Je dois me purifier... ».

Celui qui est guéri de la maladie la plus difficile à guérir : « Arrogance », doit être transformé en homme le plus modeste dans ce monde, le plus agréable, le plus aimable et le plus fort, donc le meilleur ami.

Son mot de passe est : « Je ne vois jamais un malfaiteur dans ce monde. Je suis donc dans le paradis. Je ne peux pas rencontrer quelqu'un que je n'aime pas. J'aime tout le monde. J'aime tout. Tout est aimable, admirable et magnifique. J'aime tous mes amis autant que tous les inconnus. Mais j'aime davantage ceux qui m'attaquent, ceux qui me disputent. Plus ils me détestent et plus ils m'attaquent sans merci, plus je les aime. J'aime la mort comme la vie. »

Voilà la mentalité de ceux qui ont la liberté infinie, le bonheur éternel, la justice absolue.

Il y a un jeune docteur-acupuncteur-masseur qui a gagné une fortune par sa médecine meurtrière. Il est du jugement de la quatrième étape, l'intellectualité. Malheureusement, il souffrait de maladies « incurables ». Ni l'acupuncture, ni sa médecine symptomatique n'avaient pu le sauver. Même les symptômes superficiels ne pouvaient pas être détruits. Il a réussi comme médecin, mais il est condamné déjà aux travaux forcés à vie, comme un prisonnier. Il a trois enfants. Il souffre d'hémorroïdes, de maladie cardiaque, ses reins sont extrêmement fatigués, et il a un eczéma spécial...

Travaux forcés : massage fatigant durant de longues heures, tous les jours. Combien il est pénible et désagréable de masser et de soigner, avec toute sa force, des malades et des malades qu'il ne peut pas aimer, et cela uniquement pour gagner davantage avec son corps à demi pourri (hémorroïdes, eczéma), intérieurement à moitié démoli (maladie cardiaque, mauvais fonctionnement des reins).

Heureusement son intellectualité est très développée, et il travaille très courageusememnt, physiquement, luttant chaque jour avec ses malades égoïstes, ingrats et ignorants, mais protégé par la loi qui l'autorise à les exploiter. Heureux celui qui travaille surtout manuellement !

Je lui ai rendu visite plus d'une douzaine de fois, et chaque fois je lui ai expliqué mes grands secrets durant deux, trois ou même quatre heures (toujours, c'était ce pauvre Erewhonien qui payait le taxi). Après deux mois, il est devenu un beau garçon, tout à fait rajeuni, tous ses maux disparus (son eczéma spécial, détachement de pellicules abondantes de la tête, ce qu'on ne considère pas comme une très grave maladie en Europe, bien que c'en soit une terrible, car ce n'est rien moins que l'inflammation froide de la tête. C'est le S.O.S. du cerveau. On est obligé de gratter la peau. Plus on gratte, plus les pellicules tombent, et plus l'inflammation s'aggrave).

Plus de 10 milliards de cellules cérébrales souffrent ainsi, brûlées vives... On ne peut plus travailler mentalement avec une telle tête, et c'est le commencement de la maladie mentale.

Or il est guéri complètement. Il est devenu très beau, très agréable. Mais il a disparu, il s'est éloigné de moi. Pas une carte postale de remerciement. Pas un coup de téléphone.

Indifférence totale.

J'attendais le plaisir de le voir traiter des malades par notre méthode (il a une clientèle très nombreuse).

J'attendais le plaisir d'écouter ses rapports sur la guérison dite

« miraculeuse » de ses malades, de répondre à ses questions les plus difficiles, de l'aider, et de lui donner des conseils plus précis, indispensables pour traiter des maladies très dangereuses...

Indifférence totale.

J'ai failli à mon but, qui était de le guérir complètement et une fois pour toujours. Il deviendra très malheureux, ainsi que, bientôt, ses trois enfants. C'est ma faute, c'est le crime le plus grand que j'ai commis en Europe. J'ai réussi à guérir sa maladie de la deuxième étape, de la troisième, de la quatrième, et même de la cinquième et sixième. Mais je n'ai pas réussi à guérir sa maladie de septième étape : l'arrogance, l'égoïsme.

J'ai appris grâce à lui, que ma technique thérapeutique n'est pas encore parfaite. Vous ne devez pas répéter ma faute.

Ah, « Combien je vous dois ? »...

Mais combien je vous dois, mes chers amis « civilisés » ?

On doit beaucoup, infiniment. On ne peut pas payer, mais on n'a pas besoin de remercier, ni de payer. Si l'on a compris que le suprême-jugement est à nous. Rien d'autre.

Vous devez beaucoup de choses : votre corps et votre âme, vos parents, l'air (combien de mètres cubes d'air vous avez gaspillés, soit pour faire vivre vos cellules, soit pour faire cuire vos aliments, soit dans la guerre, sans payer même un sou par mètre cube) ; vous devez la lumière fournie jour et nuit, (sans payer même un millième des frais que vous réglez à la compagnie d'électricité), vous devez l'eau, la rivière, la pluie et la neige, les montagnes, la terre, le ciel, les soleils des milliards d'étoiles... Tout est donné sans prix.

Vous n'avez rien payé. Votre dette est infinie.

Mais si vous aviez compris que le jugement suprême est le vôtre, et que vous n'êtes pas autre chose que le jugement suprême, la mémoire, la compréhension et la volonté, vous auriez pu comprendre que c'est vous qui êtes le plus grand donneur et créateur. Voilà la mentalité d'un homme libre. Voilà pourquoi il est stupide d'avoir une mentalité mendiante.

Voilà pourquoi Jésus dit : « Malheureux est le riche ».

Le riche qui n'aime pas distribuer tout ce qu'il a gagné et tout ce qu'il possède ne connaîtra jamais la joie de donner et de créer, ni la liberté infinie, ni le bonheur éternel, ni la justice absolue.

Si un romancier ou un peintre gardent leurs œuvres sans les distribuer, ni les montrer, quelle misère et quel malheur doivent-ils supporter ? Vous pouvez imaginer le malheur d'un cultivateur qui garde toute la récolte et qui ne la distribue pas. Distribuez tout ce que vous avez, toutes vos œuvres, quelles qu'elles soient, magnifiques ou médiocres. Si vous n'avez rien, distribuez votre sourire, votre parole, votre service, votre chant, votre intellectualité, même votre stupidité.

Ne demandez pas avec hésitation : « Combien je vous dois » ? Vous ne devez rien. Tout est à vous, tout est de vous.

Si vous le dites, vous êtes de tristes dualistes. Vous vous différenciez des autres. Ce n'est pas « l'égalité » qui est nécessaire. L'idée d'égalité dépend d'une arrière-pensée individualiste-exclusiviste.

Sortez de ce monde égoïste, exclusiviste, où l'on doit saluer par un mot de passe « Égalité, fraternité, liberté ». Et entrez dans ce monde réel, éternel, absolu et infini où on n'a pas besoin de dire ce mot de passe, puisque c'est le monde où tout est égal, fraternel et libre.

Mes chers amis « civilisés ». Mes chers docteurs qui ne guérissent jamais ; mes chers pasteurs et pères qui ne guident ni le monde, ni une seule personne vers le véritable Royaume des Sept Cieux ; mes chers pâtissiers qui tuent les enfants et même les grands messieurs enfantins avec des gâteaux en sept couleurs cancérigènes ; mes chers professeurs qui prêchez inlassablement des pseudo-vérités si éphémères au nom de la Vérité ; mes chers politiciens qui fabriquez des enfers dits « guerre » ; mes chers fabricants meurtriers de produits alimentaires toxiques ; mes chers juges et avocats qui produisez des criminels ; mes chers éducateurs qui voilez de plus en plus le jugement suprême des enfants ; mes chers amis « pieux » ou religieux ou mystiques, qui n'êtes en réalité que les plus orgueilleux, les plus sentimentaux, les plus exclusifs ; tous ceux qui rêvent tout ce qui n'est jamais réalisé ni réalisable ; et enfin, tous les pauvres braves et honnêtes qui sont étiquetés « voleurs », « malfaiteurs », « criminels », « tueurs », etc. ; mes chers amis, allez jusqu'au bout. Votre destinée est fatalement de commettre des fautes et des bêtises, malgré votre jugement suprême.

Vous n'avez qu'à continuer votre chemin. Allons, mes chers amis, chacun a son chemin ! Si vous étiez tous transformés en ceux qui sont votre contraire, le monde deviendrait trop monotone, comme les livres classiques de morale. C'est insupportable, la vie sans accidents, ni crimes, ni mal. Si vous vous en inquiétez, c'est que vous êtes trop égoïstes, trop hypocrites, trop orgueilleux ; vous avez trop de confiance dans la petitesse la plus pauvre, la plus éphémère, la plus inconstante, celle de ce sac de sang.

Vous devez jouer le rôle qui vous a été distribué. Si vous avez assez bien joué, vous aurez le droit de choisir un autre rôle plus agréable et désirable pour la prochaine fois.

Vous n'avez rien à craindre, et pas à hésiter. Si vous avez satisfait votre jugement actuel, vous pourrez franchir une étape de plus vers le haut. Bravo !...

Je suis tout à fait d'accord avec vous. Je vous aiderai si vous le voulez. Je suis toujours prêt à vous aider. Je vous aiderai volontairement dans votre crime de meurtrier ou de malfaiteur. Vous pouvez continuer votre métier de voleur-tueur dit « docteur ». Je vous aide avec le plus grand plaisir...

Mais avant tout, vous devez améliorer votre état de santé. Je vous souhaite une bonne et véritable santé, mais pas du tout une sainteté.

Vous pouvez continuer ce métier si intéressant de voleur-tueur de l'homme et de l'humanité. Être tué ou volé, c'est la qualification des ignorants. Tuer et voler, celle des courageux.

Mais vous ne devez pas être tués par des microbes ou virus, des êtres si inférieurs, ou par un accident ou autre.

Faites tout ce qui vous plaît, mes chers amis « civilisés ». Mais avant tout, rétablissez votre santé et développez votre jugement suprême.

On me fera des reproches, et on me condamnera en me nommant « le malfaiteur des malfaiteurs ». Ce n'est rien. J'ai toute confiance dans votre jugement suprême, quoiqu'il soit un peu voilé.

DES ÉTRANGERS EN EUROPE

Mes chers amis « civilisés »,

Je connais l'objection que vous, ou quelques-uns d'entre vous, me feront en lisant cette dernière lettre.

Vous dites que la « majorité » qui m'entourait et disait « merci, vous êtes gentil » et qui ont disparu malgré leur déclaration, sont des étrangers dans votre pays, et qu'ils appartiennent à la race la plus détestée, la plus égoïste dans le monde.

Oui, c'est peut-être vrai.

« Et la minorité qui vous a donné 10.000 francs sans vous demander « combien je vous dois ? » ou qui vous a fait visiter tout le Midi pendant quarante-cinq jours en voiture, en payant tous les frais d'hôtel, et d'emplettes en voyage (qu'on peut évaluer au moins à 500.000 francs), pour vous exprimer leur reconnaissance vis-à-vis de votre conseil diététique ; ou qui vous a aidé en publiant vos livres, tels sont nos véritables compatriotes. Tout le reste, ingrats, égoïstes, matérialistes, sont étrangers ».

Oui, je vous comprends. Il ne faut pas les confondre avec vous.

Mais ce qui m'importe, ce n'est pas la question de la race, ni de la nationalité, mais la question de la qualité de la compréhension.

Je n'accepte pas la classification raciale de l'homme.

Cette classification raciale classique, ou celle sociale de l'Inde, appartient à la deuxième étape du jugement, « sensoriel », ou à la troisième étape, celle du jugement « sentimental ».

Celle que je vous propose n'est pas « sentimentale » ni « sensorielle ». Je vous propose une nouvelle classification de l'homme beaucoup plus profonde : les sept classes (ou races) d'après les sept étapes du jugement : aveugle, sensoriel, sentimental, intellectuel, social, idéologique et suprême. Plus bas le jugement, plus nombreuse la population, cela va de soi. La majorité appartient aux quatre premières classes ; le reste, la minorité, aux trois classes supérieures.

Et notre mission, c'est de montrer et d'ouvrir la porte du haut jugement pour la majorité. Il ne faut pas oublier que la minorité est enfant de la majorité, que la majorité est la racine de la minorité, les branches des fleurs et des fruits. Les fleurs et les fruits ne peuvent pas venir ni exister dans le monde sans être nourris par la tige et la racine.

Le beau lotus, la fleur du Bouddha, la plus pure, la plus noble, est l'enfant de la boue la plus souillée.

Plus grande, plus large et plus belle la face, plus laid, plus malfaiteur et plus égoïste, l'envers.

La faculté qui transforme toute saleté en toute beauté, voilà la plus désirable, la plus admirable. La beauté qui ne peut pas embrasser toute saleté sans être souillée est la beauté de l'eau distillée qui ne peut nourrir ni un microbe, ni un poisson doré. C'est l'eau de la mort. C'est une meurtrière déguisée, la plus détestable, la plus exclusiviste.

La beauté de la mer, qui transforme toute saleté en beaux poissons et en beaux coraux, voilà la véritable beauté créatrice. Voilà le Bouddhisme Mahayana !

Ceux qui tuent le Christianisme :
les pères, les pasteurs et les religieux

Mes chers amis,

Dans le monde dit « chrétien », la plus grande stupéfaction, la plus profonde tristesse pour un Erewhonien, c'est la rencontre avec ceux qui tuent le Christianisme : les pères, les pasteurs et les religieux.

Ils déclarent, avec André Siegfried :

« Tous les pays, quels qu'ils soient, ont adopté nos méthodes mécaniques et industrielles, nos manières extérieures de vivre.

« Mais les Orientaux et les Africains n'ont pas, pour autant, adopté notre conception de la science désintéressée, ni celle de l'individu, ni notre respect de la liberté, ni notre indépendance critique, ni notre charité chrétienne ».

Quelle plaisanterie.

Je ne suis ni Indien, ni Africain, ni Chinois, ni Japonais, mais comme un simple Erewhonien qui connaît assez bien ces pays orientaux, je voudrais dire la vérité aux Occidentaux qui ne connaissent pas la mentalité dite « primitive », ni la langue, ni la diction primitives.

Les Orientaux ont adopté en réalité vos méthodes mécaniques et industrielles, vos manières de vivre, puisqu'ils ne peuvent pas survivre autrement après avoir été colonisés et dépouillés de toute liberté civile, politique et critique, de tout droit au respect de leur dignité humaine, et de toutes les sources naturelles, économiquement et politiquement. La civilisation des « primitifs » a été complètement effacée par la civilisation des « civilisés ». Toute tradition plusieurs fois millénaire a été déracinée, d'après la loi de Gresham. C'est la loi des « civilisés ». Mais ils ne veulent pas ou ne peuvent pas perdre le seul trésor qui leur reste : la foi dans la justice absolue.

Ils ont adopté « votre » conception de l'individu et « votre » respect de la liberté, et même « votre » indépendance critique. C'est pourquoi ils ont commencé avec une grande hésitation à se révolter contre votre domination économique, politique et culturelle.

Quant à « votre » charité chrétienne, c'est tout à fait autre chose. Le Christianisme étant une des inventions extrême-orientales, sinon la plus grande, ils la connaissent fort bien. Des millions de « primitifs » sont convertis au Christianisme (quelques milliers au prix de leur vie), tandis que des millions de « civilisés » sont tout à fait indifférents vis-à-vis des religions sœurs aînées du Christianisme. Mais les Extrême-Orientaux qui connaissent l'esprit chrétien, dont la charité n'est qu'une expression très rudimentaire, sentimentale, superficielle et trompeuse, grâce à la tradition millénaire beaucoup plus profonde, se détachent du Christianisme puisqu'ils y devinent quelque paganisme cruel, l'odeur répugnante du dualisme des gentils et des pharisiens ; le Christianisme étant filtré par la mentalité la plus occidentale de l'Orient, dénaturé par les Romains, les grands conquérants cruels, et enfin transposé par un des « civilisés » dont l'histoire est tout ensanglantée, ne peut pas satisfaire la mentalité des « primitifs », dont l'histoire est exempte de guerres et de massacres. Le Christianisme, c'est la fille perdue de la mentalité primitive. Pour les « primitifs », le Christianisme réimporté est le cadavre de leur propre fille très aimée, cadavre déshabillé, mutilé après avoir été violé.

André Siegfried, voyageur et sociologue très estimé par tous les intellectuels orientaux, après avoir énuméré les bienfaits des « civilisés », se demande « si l'Occident n'est pas en voie de réveiller la Belle au Bois dormant de l'Orient assoupi »...

Quelle belle façon française de s'exprimer !

Œdipe, qui tua son père, épousa sa mère, se fit justice en s'arrachant les yeux et en se faisant la proie vivante des condors, est ressuscité. Œdipe était le nom ancien de l'Occident ; le roi Laïus, son père, l'« Orient » ; la belle reine Jocaste, sa mère, qui se pendit, le Christianisme ; Œdipe ressuscité, l'Occident, est parti pour trouver la belle princesse, qui dort dans le bois dormant de l'Orient, la Paix. Il est en train de violer la princesse qui dort en paix, au lieu de la réveiller, sans savoir que la Belle est Antigone réincarnée, sa propre fille. Voici. Œdipe se nomme aujourd'hui « Science », Karma d'Œdipe.

Ceux qui tuent et ceux qui ont tué le Christianisme sont tous Œdipe réincarné. Il y a des Œdipe qui s'appellent Pères, Pasteurs et Religieux.

Ils sont ceux qui ne peuvent avoir foi dans les Dix Commandements.

Mais ils prétendent le contraire. Ceux qui ont l'œil qui voient « l'ennemi » un peu partout, même parmi des amis. Ils sont ceux qui disent « œil pour œil, dent pour dent ». Leur prétendue « pacification » n'est autre chose qu'un massacre.

Ils sont ceux qui se jugent malheureux, et qui croient qu'on peut établir une vie heureuse par la force violente, économique, intellectuelle ou sociale.

Ils sont ceux qui croient pouvoir guérir la maladie par quelques comprimés magiques ou piqûres « miraculeuses ». Ils ignorent l'origine de tous les maux, qui est en même temps l'origine de tout malheur : le jugement suprême voilé.

Ils sont ceux qui sont destinés à la mort malgré leur désir, soit attaqués par des microbes ou virus, soit dans la misère, soit dans un château ultra-moderne, par une crise cardiaque inattendue, soit par un accident...

Ils ignorent, ou nient, ou négligent la médecine de Jésus, Bouddha, Mahavira, Nagarjuna, qui guérit non seulement la maladie actuelle et à venir, mais nous apprend comment établir le bonheur éternel, la liberté infinie et la justice absolue par la prière et par le jeûne. Leur prière prétendue n'est qu'une mendicité, la plus égoïste, la plus misérable, et ils n'aiment pas le jeûne, mais « déjeunent » au moins deux fois par jour. Ils ne savent pas qu'il n'y a rien à demander, que tout est donné en abondance, tout ce qui est le plus nécessaire pour vivre, eau, air, lumière, qui nous sont non seulement donnés, renouvelés tous les jours, mais depuis des trillions et des trillions d'années, et que nous ne pouvons pas vivre, pas une seule minute, privés de ces trois choses les plus importantes.

Avons-nous besoin de demander davantage de lumière, d'eau et d'air tous les jours ? Si nous possédons de telles choses infiniment précieuses qui produisent la vie et toute activité sur la terre, nous sommes princes-héritiers de toute la richesse. Nous sommes propriétaires de la richesse infinie. Nous avons l'infini. A quoi bon demander davantage ?

La vraie « prière » est la méditation, pour reconnaître définitivement la richesse infinie que nous possédons depuis le commencement sans commencement. La méditation est la reconnaissance de tout ce qui nous est donné, classé en deux catégories dialectiques : Yin et Yang. La ligne verticale de la croix étant le symbole de Yin (la force centrifuge) et la ligne horizontale le symbole de Yang (la force centripète), la méditation n'est pas autre chose que la visualisation de la croix dans toutes les choses, à tous les niveaux, à chaque pas.

Le « jeûne » est l'exercice fondamental du détachement, qui est la seule entrée dans la mentalité illuminée, l'idéal de tout enseignement d'Extrême-Orient. Mais jeûner comme l'exige toute religion, n'est pas du tout jeûner sans distinction, ni sans limite. C'est se détacher de ce qu'on aime le plus, mais qui n'est pas du tout nécessaire pour vivre : sucre, gâteaux, fruits, alcools, colorants, produits exotiques ou hors de saison, viandes, etc.

Ces matérialistes, marxistes, scientifiques, qui attaquent ces pères, pasteurs et religieux, ont raison.

Ceux qui tuent le Christianisme, ainsi que toutes les autres religions, sont ceux qui les prêchent sans en connaître la signification, ni celle de la croix, ni celle de la prière, ni celle du jeûne.

Ceux qui sont tués par le Christianisme déformé sont des « extra » sans nombre et sans nom, dans un film intitulé « La Chute de la Civilisation occidentale ».

SI VOUS AVIEZ A DISCUTER
(Dernière lettre de l'Erewhonien)

Le temps passe vite...

J'ai passé déjà dix mois en Europe. Je dois bientôt partir pour Buenos-Aires, Sao-Paulo, Montevideo, Lima, où je passerai quelques mois, et puis New York, Chicago, Los Angeles, où je passerai encore quelques mois. Ensuite, je dois rentrer aux Indes. Les Indes sont vastes, elles sont plus grandes que l'Europe. Pour parcourir toutes ces villes, il me faudra encore quelques mois. Enfin, l'Afrique... En tout, il me faudra au moins deux ans, et quelques millions de francs pour revenir en Europe.

Mais l'on me demande quand je reviendrai en Europe, à présent. Si je pouvais me transformer en mille moi-même !

Je vous ai donné tous mes grands secrets de la médecine « miraculeuse », qui guérit toute maladie actuelle et à venir, et qui vous apprend comment établir la liberté infinie, le bonheur éternel et la justice absolue dans votre vie quotidienne, avec une technique extraordinairement facile, économique et intéressante, la prière et le jeûne.

Et vous avez vu des guérisons « miraculeuses » sur vous-même ou parmi vos amis. Vous avez bien compris le Principe Unique, la dialectique Yin et Yang. Il ne vous reste que des exercices. Vous n'avez qu'à exercer cette médecine suprême. Vous réussirez ou vous faillirez. Peu importe. On ne peut pas apprendre le Judo avant d'apprendre l'art d'être jeté par terre sans dégât. Vous tuerez peut-être quelques malades. Ne vous en inquiétez pas. Les médecins en tuent des milliers ; des propriétaires de restaurants, des pâtissiers, des épiciers, des cabaretiers et les fabricants de jus de fruits en tuent des millions. Les politiciens tuent davantage en envoyant des jeunes gens à la guerre. Si vous tuez, ce sont des malades déjà condamnés « incurables » et abandonnés par les médecins. Et en réalité, il est difficile ou plutôt impossible de tuer avec des aliments tout à fait ordinaires. Si vos malades meurent, c'est exactement de leur faute.

Après tout, vous devez devenir un « homme libre », heureux infiniment, et aimé pour toujours et par tout le monde. Et pour cela, il n'y a pas d'autre moyen que d'apprendre ma nouvelle diététique et de dévoiler votre jugement suprême en pratiquant le Principe Unique. J'ose dire ceci après avoir confirmé qu'il n'y a aucun salut par la religion, ni par une révolution, ni par réforme politique ou sociologique, ni par l'argent, ni par la conférence internationale, ni par n'importe quel mouvement, ni par la science, ni même par la guerre, à plus forte raison par une philosophie. Vous le savez bien vous-mêmes. Toute l'histoire de l'homme en est le témoin.

C'est tout à fait inutile d'espérer voir un salut parfait en se basant sur ces illusions. Elles sont toutes belles ou brutales. Elles vont toutes échouer et disparaître comme fumée.

Abandonnez tous ces illusions !

Allons donc vers un nouveau chemin biologique, physiologique et logique, que j'ai découvert, et où j'ai déjà envoyé des centaines de milliers d'êtres depuis plus de quarante ans. Ce n'est pas du tout une religion, ni une méthode scientifique, ni un « isme ». Il est individuel, personnel, matérialiste, très égoïste. Ce n'est pas du tout un altruisme, ni une utopie. Il est tout d'abord pratique, immédiat et défini. On peut le pratiquer partout et à n'importe quel niveau.

Pratiquez-le vous-même, pour quelques mois. Ensuite, expliquez ce que vous avez fait à ceux qui s'y intéressent. Mais, ce n'est pas pour eux, c'est uniquement pour vous ; en expliquant, vous vous perfectionnez. Si l'on ne vous suit pas, c'est dire que vous n'avez pas encore bien compris cette méthode. Mais, attention ! il ne faut pas « enseigner ». Il faut faire en sorte que l'intéressé apprenne et qu'il comprenne lui-même cette méthode et la pratique, par son propre jugement. Il ne faut pas y adapter la méthode ni l'esprit de l'éducation occidentale, cette méthode qui transforme l'homme en « phonographe ».

« Le froid et la faim » sous un climat froid, ou bien « la chaleur et la soif » dans un pays chaud, sont des questions difficiles à résoudre. Voilà tout ce qui est nécessaire pour notre école physiologique, biologique et logique. Rien d'autre.

J'ai trouvé quelque chose d'extraordinaire en Occident. Le Dr Livingstone a trouvé aussi quelque chose d'extraordinaire en Afrique Noire : l'hospitalité des Indigènes. Ce que j'ai trouvé ici en Occident, c'est vraiment inimaginable, incroyable ! Personne ne pourrait le comprendre, ni le croire, ni l'imaginer chez moi. C'est l'incompréhension totale de la Constitution de l'Univers, de l'Ordre de l'Univers, de l'absolu, l'infinité, l'éternité. C'est l'éclipse totale et permanente du jugement suprême. On mystifie le jugement suprême. On personnifie l'Infini. Il est dit que « Dieu créa l'homme à son image », mais les Occidentaux formèrent Dieu à leur image. Donc, Dieu est transformé en un animal ou une bête et Il a perdu toute sa gloire. On ne peut pas comprendre l'Un qui est absolu, infini et éternel. On ne peut pas connaître que le monde relatif n'est qu'un point géométrique imaginaire de l'absolu. On ne sait pas qu'il est impossible de mesurer l'Infini par un instrument de mesure matérialiste, qui est valable seulement dans ce point géométrique, dit le monde relatif. On ne connaît pas ce qu'est la mémoire, la volonté, le jugement, la vie, la vérité, la liberté, le bonheur éternel, la justice absolue, etc., bref, tout ce qui est la base de toute existence. C'est vraiment incompréhensible, mais c'est un fait.

Preuve : grâce à cette compréhension totalement voilée de l'Occident, il n'y a pas de liberté, ni d'égalité, ni de fraternité en Occident, mais toujours des disputes, des querelles, des crimes, des meurtres, des guerres, des maladies, tous les maux, l'ingratitude, la haine, la peur, le doute, la jalousie, la solitude, et partout l'égoïsme le plus laid, l'antagonisme toujours et à tous les niveaux. La liberté, le bonheur, la vie, la justice, sont garantis ici en Occident par la force dite « la loi ». C'est incroyable pour nous autres ; Dieu est protégé par la violence ! Quel triste pays ! Personne ne connaît donc que « Summum Jus, summa injuria », Plus grande est la Loi, plus grande l'injustice en Occident ?

Si vous voulez, mes chers Amis, vous sauver de ce monde insupportable, vous n'avez qu'à essayer, pendant une ou quelques semaines, ma méthode biologique, physiologique et logique, qui est pacifique, et sans inconvénient pour autrui.

Mais, une fois entrés dans une vie erewhonienne tranquille, pacifique et pleine de joie, vous ne devez attaquer personne. « L'Homme qui ne dispute pas », « L'Homme qui ne se défend pas », voilà la qualification de l'Erewhonien.

Si vous devez discuter, votre jugement suprême est encore complètement voilé. Si vous devez tuer votre pareil, vous êtes esclave de Satan. Perfectionnez-vous. Si votre jugement suprême est complètement dévoilé, vous êtes le plus fort et vous n'avez aucun besoin de discuter ni de lutter avec d'autres. Si vous voulez avoir le jugement complètement dévoilé, vous n'avez qu'à contempler la Constitution de l'Univers à tous les niveaux et à chaque pas, le Principe

Unique Yin-Yang, symbolisé par la croix, jeûner ou vous éloigner ou vous détacher de tout ce qui plait à vos sens et qui n'est pas absolument nécessaire pour continuer votre existence, d'après mes directives.

Ne vous occupez pas d'autre chose. Il faut que vous vous perfectionniez avant tout et à tout prix. Détachez-vous de tout ce qui n'est pas absolument nécessaire pour vivre ; attachez-vous à tout ce qui est absolument nécessaire pour vivre : air, eau et lumière ; symboliquement, air est la liberté infinie, eau la réceptivité illimitée — c'est pourquoi la mer n'est pas souillée — lumière le jugement suprême, et leur combinaison-transformation naturelle, dite « céréale » et « légume », en accord avec la Constitution de l'Univers.

Sans le jugement suprême, il n'y a ni liberté infinie, ni bonheur éternel, ni justice absolue, mais tous les maux, tous les malheurs, les crimes, la guerre...

Votre incompréhension (ou mystification) de la Conception de l'Univers, ainsi que votre création merveilleuse, scientifique, matérialiste, dite la « Civilisation Occidentale » d'aujourd'hui, sont dues avant tout à votre constitution extrêmement Yang, fleur d'une alimentation carnivore, qui date de l'époque d'Œdipe. La « Civilisation Occidentale » a civilisé ou colonisé le monde entier avec son armée « civilisatrice », munie de toutes les méthodes mécaniques et industrielles, la violence la plus meurtrière modernisée ou domestiquée. Elle est Frankenstein vivant, sous les drapeaux du « respect de la liberté », du « régime d'échanges et de mise en valeur mondiale » qu'elle a créés, son « indépendance critique » et sa « charité chrétienne ».

La civilisation occidentale est magnifique. Elle a détruit toute tradition plusieurs fois millénaire des peuples colorés, à mentalité « primitive » et a remplacé leurs manières extérieures de vivre par la sienne. C'est tout à fait sans précédent dans l'histoire. Mais elle n'a pas pu réussir à leur faire adopter sa conception du monde relatif, sa conception de l'individu, puisque les colorés ont leur propre conception (ou plutôt constitution) de l'Univers infini, éternel et absolu plusieurs fois millénaire. Le XXᵉ siècle est celui de la révolte des colorés ou des « Primitifs ».

La conception du monde occidental étant celle du monde relatif, fini, matérialiste, ne peut pas contenir celle de l'Univers infini, éternel et absolu oriental. C'est impossible. Mais, par contre, celle-ci peut englober celle-là. Si l'Occident le réalise, il n'y aura aucune difficulté internationale et la « civilisation occidentale dans le monde » peut être exemptée d'être « l'enjeu de la crise actuelle » (sic André Siegfried), puisque tous les colorés ont adopté toutes les « manières extérieures de vivre » des « civilisés ». On peut voir ici toute possibilité de la liberté et de la paix mondiale.

Quoi qu'il soit difficile à l'Occident tout entier d'adopter la Conception de l'Univers infini, éternel et absolu des « Primitifs », ce n'est pas impossible à l'individu occidental, s'il réalise l'efficacité, l'importance, la supériorité et la signification de la philosophie d'Extrême-Orient, qui guérit toutes les maladies proclamées « incurables » par la médecine occidentale.

Voilà une signification que vous n'avez peut-être pas envisagée, en vous efforçant de vous sauver de tous les maux, de tous les malheurs quotidiens : Vous allez donner un exemple vivant de la liberté infinie, du bonheur éternel et de la justice absolue à ces messieurs « Peace-Makers » (Faiseurs de la Paix) du monde entier.

Venez avec moi...

Les oiseaux volent haut dans le ciel si joyeusement !
Les animaux s'amusent dans la forêt verdoyante !
Les poissons se faufilent dans la mer immense, si librement, et avec une souplesse extraordinaire !
Les insectes chantent toute la vie une mélodie si délicieuse !
Et les microbes gourmands dévorent les montagnes de chair !
« Life is too short to be little ! » (La vie est trop courte pour être petite !)

Pourquoi pas l'homme ?

L'homme s'amuse dans le labyrinthe de la mort et de la vie ?

L'homme vole en avion, muni d'un engin meurtrier, dans le ciel fini ?

Les hommes se disputent et s'entretuent jour et nuit dans la forêt matérialiste ou métaphysique ?

L'homme chante en mangeant et en buvant dans un grand paquebot dit « la Science » qui coule de loin en loin dans la profondeur de la mer ?

L'homme se contente de flotter dans la mer économique où grondent des orages magnétiques dits guerres ?

Laissons-le ; make them happy !

Mais ceux qui aiment voler dans le ciel de la liberté infinie, nager dans la mer du bonheur éternel, et s'amuser dans le Wonderland d'Alice ou dans les îles des Lilliputs ou des géants, qu'ils viennent avec moi, je leur montre la porte grande ouverte du Paradis Absolu : la connaissance de la Constitution de l'Univers...

Au Revoir, mes chers « civilisés » ...

Au revoir, mes chers « civilisés ».

Je vous aime, je voudrais rester avec vous plus longuement. Des années, des années... toute la vie ou infiniment. Je suis très heureux d'entendre votre voix, de voir votre figure tellement agréable maintenant. Vous qui étiez si tristes, si désagréables au commencement, vous êtes aujourd'hui pleins de joie. Vous avez bien observé mes directives diététiques préparatoires d'Extrême-Orient et vous vous êtes refaits. Vous allez commencer une vie nouvelle.

Il n'y a pas de joie plus grande pour moi.

Je voudrais vous parler douze fois plus longuement. Mais le temps passe si vite et il y a encore tant de monde qui m'attend aux États-Unis, en Amérique du Sud, en Australie, à Madagascar...

Je partirai. N'est-ce pas que je dois partir ?

Oui, je reviendrai bientôt.

A bientôt...

La séparation est le commencement de la rencontre, comme la rencontre était le commencement de cette séparation...

> Au revoir, je reviendrai sans faute, oui, à tout prix,
> à travers toutes les difficultés...

P.S. — Vos amis qui n'ont pas compris ni pratiqué mes directives diététiques diront que je critique et ridiculise les « civilisés ». Mais ils ne savent pas pourquoi je n'ai pas critiqué ni ridiculisé les « Primitifs ». Je ne les ai pas critiqués *puisqu'il n'y en a plus !* Ils sont tous européanisés ou américanisés. Tous les « Primitifs » sont maintenant « para-civilisés ». Ils sont tous imitateurs des « Civilisés ». Ils sont des corbeaux qui se décorent avec des plumes de paon tombées, ramassées, réemployées...

S'ils sont encore fâchés, calmez-les, je vous en prie, en disant la vérité : que je suis Voltaire ou Samuel Butler réincarné !...

TABLE DES MATIÈRES

Photocomposé en Times de 10
et achevé d'imprimer en mai 1991
par l'Imprimerie de la Manutention à Mayenne
N° 126-91